LES AVANTURES DE *** OU LES EFFETS SURPRENANS DE LA SYMPATHIE.

TOME CINQUIE'ME & dernier.

A PARIS,
Chez PIERRE PRAULT, à l'entrée du Quay de Gêvres, du côté du Pont au Change, au Paradis.

M. DCC XIV.
Avec Approbation, & Privilege du Roy.

LES AVANTURES DE *** OU LES EFFETS SURPRENANS DE LA SYMPATHIE.

 ARMENIE continuë ainsi le recit de ses avantures à Fredelingue.

Tome V.　　　　A ij

Je marchai toute la matinée dans cette forêt, qui étoit d'une longueur prodigieuse, & je me trouvai dans un endroit qui presentoit des allées à perte de vûë, dont la nature seule avoit fait elle-même toute la symetrie. Cet endroit me parut si charmant, que je me sentis l'envie de m'y arrêter quelques momens, pour me reposer. Je descendis de cheval, & m'assis auprés d'un arbre. Dans cet état j'examinai ce que j'allois faire ; mes malheurs me revinrent dans l'esprit

DE ***.

tout d'une vûë ; la situation où ils me reduisoient me fit amerement soûpirer ; mes yeux répandirent des larmes. Malheureuse Parmenie, m'écriai-je, à peine as-tu commencé à vivre, que déja la vie t'est importune ; le sort te contraint à fuir, pour en aller passer le reste dans d'affreuses solitudes, où tu te vois condamnée, ô Ciel! à errer le reste de tes jours Tu portes ton infortune jusques dans les lieux les plus tranquiles, que le Ciel semble avoir mis à l'abri des revers du sort.

En prononçant ces mots, ma douleur s'accrut ; j'avois de la peine à respirer. Je défis mes habits pardevant, pour donner la liberté de sortir à mes soûpirs. J'étois dans cet état, quand je crus entendre la voix de quelques personnes qui parloient un peu plus loin de moy. Je jettai les yeux du côté dont je jugeois que venoit la voix de ceux qui parloient, & j'apperçus trois hommes, dont l'un étoit magnifiquement habillé, & que les deux autres sembloient respecter par la distance qu'ils mettoient entre eux & lui. Ils étoient attentifs à me regarder ; sans doute ils avoient entendu les paroles que j'avois dites. Honteuse & tremblante de ce qui pourroit m'arriver d'une pareille avanture qui m'avoit trahie, je cachai mon sein avec precipitation, & je me levai pour remonter à cheval ; mais cet homme que j'avois distingué des autres se hâtant de m'aborder : Arrêtez, Madame, me dit-il, ne fuyez pas un homme qui s'interesse à vos maux, & qu'un coup heureux du hazard a pour jamais attaché à vous. O Ciel, quelle rencontre! & quels malheurs peuvent réduire ce que j'ai jamais vû de plus aimable au monde, à soûpirer dans ces affreux deserts ? Puisque le hazard vous apprend qui je suis, Seigneur, lui répondis-je; puisque ma douleur vous touche, ne la redoublez pas en m'arrêtant davantage, & permettez qu'en ce moment je m'éloigne de vous. Ah Madame, s'écria-t-il, vous pouvez quitter ces lieux, mon respect vous assure d'une entiere liberté : mais dans quelque endroit que vous conduisent vos chagrins, je me sens forcé à vous suivre. Non, Seigneur, lui répondis-je, s'il m'est permis de vous demander une marque certaine du respect dont vous parlez, je vous prierai d'ajoûter à la liberté que vous me laissez de m'éloigner, celle de partir seule. Aprés ces mots, je pris la bride de mon cheval, & je voulus alors absolument m'éloigner. Non, Madame, dit-il, je ne confentirai jamais à vous quitter ; mon cœur alarmé des funeftes accidens qui peuvent vous arriver, m'engage à vous donner les fecours dont vous aurez befoin. Et ce cœur, lui repartis-je, vous engage-t'-il à me faire violence ? N'appellez pas de ce nom, dit-il, les effets de la paffion la plus tendre qui fut jamais. Ah Seigneur, m'écriai-je, vous m'arrêtez en vain, n'affligez pas une malheureufe, dont les peines ne font déja que trop grandes ; voulez-vous abuser de l'état où je suis ? Laissez-moy. Je m'efforçai là-dessus une seconde fois de partir : mais enfin il me retint, & me contraignit d'arrêter. Cruelle, me dit-il, puisque ni vôtre interêt, ni l'empressement que j'ai ne peuvent vous engager à me souffrir avec vous, oui j'abuserai, puisque vous parlez ainsi, du pouvoir que le Ciel ne me donne que pour vous arracher aux dangers que vous alliez courir. Le Ciel n'approuve pas, lui dis-je, des actions pareilles, & quand il offre des secours dans l'infortune, ces secours la finissent, & ne la redoublent pas : mais je vois bien, continuai-je, que le Ciel n'est pas ce qui t'embarasse, ta passion est le seul Dieu qui t'inspire, & je ne dois m'attendre qu'à de nouveaux malheurs.

Il ne me répondit point, il remonta sur son cheval, & me prit avec lui.

Mais, Seigneur, dit alors Parmenie à Fredelingue, il me tarde d'en venir au moment qui nous a fait connoître l'un à l'autre. Sçachez donc que celui qui m'enlevoit en ce moment étoit le frere de la Princesse, qui voyageoit depuis long-temps dans les Cours de differens pays. Il revenoit alors de tous ses voyages, & s'en retournoit dans les lieux où regnoit sa sœur.

Vous avez pû remarquer que je n'en étois point encore fort éloignée, & le Prince fit tant de diligence, que nous y arrivâmes le même jour trés-tard.

Je passe bien des discours inutiles, par lesquels je lui marquai tout le ressentiment que je conserverois de la violence qu'il m'avoit faite. Il me mit dans cette maison de campagne où vous m'avez trouvée, sans que personne ait jamais sçû que j'y étois, que quelques domestiques à lui.

J'avois la liberté de m'y promener dans les jardins que vous avez vûs. Il n'oublia rien de ce qui pouvoit m'y divertir : mais ô Ciel ! dans un état pareil, quoy qu'adouci par les manieres les plus honnêtes, le cœur peut-il goûter quelque plaisir ? Il y avoit cependant six mois que j'y étois quand vous m'en avez tirée. Le Prince m'y venoit voir presque tous les jours, & m'écrivoit souvent. Il commençoit enfin à se lasser de ma resistance, & un moment avant vôtre combat dans le pavillon, où vous le trouvâtes avec moy, je le vis tout prêt de me faire outrage, quand le Ciel vous fit arriver assez tôt pour m'arracher à ses desirs criminels.

Parmenie finit là le recit de ses avantures, continua Isis en parlant à Clarice. Fredelingue, par ce qu'il venoit d'entendre, jugea de tous les dangers où Parmenie seroit exposée si la Princesse venoit à découvrir qu'elle fût si prés d'elle. Il dit à son tour à Parmenie la cause de ses alarmes, lui apprit l'amour de la Princesse, & le rendez-vous qu'il avoit sur le soir avec elle. Chere Parmenie, ajoûta-t'-il, puisque j'ose me flater que vous répondez à ma tendresse, donnez-m'en des marques assurées ; recevez ma foy. Les

Les malheurs que vous venez de me raconter doivent vous faire comprendre que le sort par mille accidens peut traverser le bonheur des momens dont je joüis maintenant avec vous. Oui, Fredelingue, répondit Parmenie, j'accepte vôtre foy, & je vous donne la mienne. Veüille le Ciel finir enfin toutes mes infortunes, & me laisser en paix la douceur de passer mes jours avec vous. Allez tantôt, Fredelingue, vous rendre où vous attendra la Princesse; & selon ce que vous jugerez, nous prendrons les mesures qu'il faudra pour fuir aux accidens dont ce malheureux pays nous menace.

Fredelingue passa quelques momens encore avec Parmenie. Le jour commençoit à baisser; il la quitta, en l'assurant qu'il reviendroit la trouver aussitôt qu'il auroit parlé à la Princesse, & mis ordre à tout ce qu'il pouvoit avoir d'affaires chez lui; car enfin, lui dit-il, si la Princesse ne me voyoit pas, que sçait-on ce que son inquietude pourroit produire ? Elle ne fera sans doute encore informée de rien ; j'emporterai ce que j'ai chez moy ; & quittant un pays qui vous fut si funeste, nous irons ailleurs, Parmenie, joüir du bonheur de nous aimer toûjours.

Aprés ces mots, il partit. Comme il n'y avoit pas loin du château, il y fut bientôt arrivé. Il se hâta de se rendre à l'endroit de son rendez-vous. La Princesse y arriva un instant aprés. Je ne vous ai vû d'aujourd'hui, Fredelingue, lui dit-elle en l'abordant ; qu'avez-vous fait ? qu'êtes-vous devenu ? Un ami, répondit Fredclingue, m'a engagé à fortir ce matin pour aller à une maifon de campagne, & il n'y a pas long-tems que j'en fuis arrivé. Un amant empreffé, repartit l'artificieufe Princeffe, n'iroit point ailleurs chercher des plaifirs, pendant qu'il pourroit avoir celui de voir ce qu'il aimeroit : mais vous n'en êtes point encore avec moy à cette tendreffe de cœur qui fait haïr tout ce qui n'a point de rapport à ce qu'on aime. Un ami vous engage, la solitude vous plaît, peut-être quelqu'autre femme vous amuse-t'-elle : que sçai-je enfin ? je ne sçai combien d'autres petits plaisirs que vous pouvez avoir pris, & que vous fuiriez si vous m'aimiez comme je le demande. Ce n'est point toûjours cette vivacité si exacte qui est la marque la plus certaine de l'amour, répondit Fredelingue ; le cœur, au milieu de ces petits plaisirs dont vous parlez, Madame, &

que le commerce de nos amis & la bienséance rendent quelquefois nécessaires ; le cœur, dis-je, peut conserver un tendre souvenir de celle qui le touche, & se prêter en même tems à une necessité qui l'ennuye en secret. Vous avez raison, repartit la Princesse, je commence à voir que vous raisonnez plus juste ; sans doute vous me l'avez conservé ce tendre souvenir, Fredelingue. Vous jugez bien, Madame, que puisque j'en parle, dit-il, je suis capable de l'avoir.

Je dois être contente de cette réponse, dit alors la Princesse; elle calme toutes mes inquietudes. Adieu, je vous quitte aujourd'hui plûtôt que je ne voudrois; je sens une indisposition pour le moins aussi pardonnable que la necessité que vous dites où l'on se trouve souvent de suivre ses amis. Vous aurez de mes nouvelles incessamment.

La Princesse quitta Fredelingue à ces mots. Il ne sçut que penser de sa conversation extraordinaire; il crut d'abord qu'elle étoit simplement piquée de ne l'avoir point vû ce jour-là : mais cette reflexion ne tranquilisa pas son esprit, & dans les alarmes confuses qu'il conçut, il courut chez lui se charger de ce qu'il avoit de plus precieux, pour rejoindre sa chere Parmenie.

Ses alarmes étoient bien fondées. Le frere de la Princesse, que nous avons laissé blessé dans le pavillon, & que quelques domestiques avoient rapporté dans le château, malgré sa foiblesse avoit écrit la nuit à la Princesse, & l'avoit l'avoit inftruite de toute fon hiftoire avec Parmenie, & de l'avanture par laquelle il l'avoit perduë. Il nommoit même Fredelingue, qu'il avoit reconnu à fa voix malgré fon mafque.

De forte qu'aprés la converfation que la Princeffe eut avec Fredelingue, elle avoit donné ordre à des cavaliers de le fuivre, & de le furprendre avec Parmenie. Cette Princeffe cependant ignoroit elle-même ce qu'elle devoit faire de ces amans. Incertaine & flotante, irritée de l'artifice de Fredelingue, elle se preparoit un triste plaisir à le confondre : mais le sort en ordonna autrement.

Fredelingue avoit dérouté ses espions, en sortant de chez lui par une petite porte inconnuë qui donnoit dans un jardin ; & de ce jardin il étoit entré en pleine campagne, & avoit couru avec tant de precipitation, qu'en trés-peu de tems il avoit rejoint Parmenie. Il lui dit ses frayeurs ; elle les trouva trés bien fondées. Ils partirent la nuit, & s'éloignerent d'un pays si funeste à Parmenie.

Quand Fredelingue se vit en liberté avec elle, il jugea que le plus sûr étoit de passer en France, pour éviter de retomber entre les mains de la Princesse ou de son frere, qui sçachant de quel pays il étoit, pourroient envoyer du monde aprés lui. Un coup de hazard nous perdroit même en Allemagne, dit-il à Parmenie ; on imagineroit mille moyens de nous surprendre, dont peut-être quelqu'un reüffiroit ; que nos ennemis ignorent où nous ferons. Paffons en France ; quand nous y aurons été un tems fuffifant pour dérober à la Princeffe la connoiffance des lieux que nous habitons, je vous conduirai fans danger dans ma patrie. Parmenie confentit à ce qu'il vouloit, & approuva fes precautions. Ils arriverent en France. Le hazard dans ce pays-ci les conduifit chez un des parens de Fredelingue, qui cadet de fa maifon étoit venu en France, où il avoit épousé une Dame qui possedoit de gros biens, & dont la tendresse avoit fait sa fortune. Ils logerent chez ce parent, ne pouvant passer plus avant à cause de la nuit qui les surprit. Il n'eut pas plûtôt entendu le nom de Fredelingue, qu'il le reconnut. Ils s'embrasserent. Fredelingue lui raconta ses avantures, & ils contracterent ensemble une amitié si grande, que ce parent & sa femme les engagerent à demeurer prés d'une année entiere chez eux.

Cependant Parmenie me

mit au monde ; Fredelingue mon pere, qui depuis long-tems avoit écrit à ſes parens & ſon mariage, & une partie de ce qui lui étoit arrivé, paſſa en Allemagne pour y vendre le bien qu'il y avoit. Il laiſſa Parmenie chez ſon parent. Les larmes qu'ils verſerent en ſe quittant furent comme les preſages du malheur qui arriva à Fredelingue. Il arriva chez lui ſans aucun accident, y termina ſes affaires. Il perit en revenant dans une riviere qu'il s'expoſa imprudemment à traverser. Il n'avoit alors qu'un domestique avec lui, qui perit aussi. Trois autres hommes à lui, qui conduisoient quelques mulets chargez, étoient restez derriere, & ma mere l'apprit de ces hommes qui revinrent en France, & qui lui dirent qu'ils avoient rencontré prés de la riviere les chevaux de Fredelingue & de son domestique, qui étoient encore recemment moüillez; que cela leur avoit fait juger que Fredelingue & lui s'étoient noyez.

Cette avanture funeste

avança les jours de Parmenie ; elle ne vêcut plus que d'une maniere languissante, & deux années aprés elle mourut. Un moment avant sa mort elle fit venir le parent de Fredelingue & sa femme, à qui elle me recommanda les larmes aux yeux, & elle expira avec la consolation de voir qu'ils avoient reçû ce qu'elle leur avoit dit à mon égard avec autant de tendresse pour moy, que si j'avois été leur enfant Helas ! je ne connoissois point mes malheurs alors. Je restai avec ce parent & sa femme. Quelques mois aprés cette Dame eut un fils, qui étoit son unique enfant. Nous fûmes élevéz ensemble. J'avois déja huit ans quand son pere mourut, & laissa sa femme, qui ne lui survêcut que de dix années. Aprés sa mort je restai comme sous la tutelle de Periandre leur fils. Le Ciel m'avoit donné quelque beauté. L'habitude & le commerce que nous avions ensemble fit naître une passion pour moy dans son cœur.

Je m'étois bien apperçûë

avant la mort de sa mere que souvent il avoit du plaisir à être avec moy, & que même il avoit de violens dépits quand je témoignois ne point partager ce plaisir. Mais je n'avois garde alors de penser que ce fût l'amour qui causât ses mouvemens. Quand il se vit seul avec moy il se declara ouvertement ; & la connoissance que j'eus des sentimens de son cœur, m'en inspirerent de si contraires à son amour, qu'à chaque instant mon aversion redoubla. Quoique je ne sçusse point encore ce qu'il étoit capable de faire, mon cœur sembloit dés lors lui rendre justice; car quand il vit que son amour ne me touchoit point, il me declara que si je ne prenois le parti de l'épouser, je pouvois m'attendre à un esclavage qui ne finiroit qu'avec sa vie; qu'il sentoit bien que je pouvois seule faire son bonheur; & que si je m'obstinois à l'accabler de rigueurs, il auroit du moins, en souffrant mille peines, la douceur de me faire partager ses chagrins, puisque je refuſois de partager ſon amour. De pareilles menaces ne ſont pas propres à allumer des feux; auſſi m'irriterent-elles ſi fort contre lui, que je reſolus de mourir plûtôt mille fois de la mort la plus cruelle, que de me rendre aux déſirs d'un barbare, de qui l'amour s'expliquoit d'une maniere ſi cruelle & ſi violente. L'inutilité de ces menaces le determina à les effectuer. Il me retint chez lui captive; il n'eſt point de cortrainte qu'il n'inventât pour m'obliger à ceder;

chaque jour il venoit m'accabler de reproches, dont les termes crüels me font encore fremir de crainte & d'horreur. Tu as resolu ma mort, barbare, lui disois-je quelquefois :. mais fçache qu'elle est dans mon cœur encore plus resoluë que dans le tien. Je l'attens cette mort comme le plus grand bien qu'ils puissent me donner ; elle est au-dessus de ta tyrannie, & toutes tes fureurs ne servent qu'à l'avancer.

Ces discours l'effrayoient cependant, & moderoient

ses emportemens. Dans ce tems un des domestiques qui avoient servi mon pere, & qui s'en étoit retourné en Allemagne, arriva en France de la part des parens de mon pere, avec des lettres pour moy, par lesquelles ils me mandoient qu'il étoit tems que je vinsse dans les lieux où mon pere avoit pris naissance ; qu'ils m'attendoient avec des sentimens de tendresse qui m'y feroient peut-être trouver quelque agrément ; qu'au reste il étoit incertain que mon pere eût peri ; que des étrangers arrivez en Allemagne pretendoient avoir vû un Fredelingue, qui pouvoit bien être mon pere lui-même.

Periandre défendit d'abord que cet homme me parlât ; je fçus cependant son arrivée, & je m'emportai avec tant de douleur contre ce tyran, qu'enfin il confentit que je le viffe, mais devant lui.

Sa prefence n'empêcha pas que je ne chargeaffe ce domeftique d'avertir mes parens de la contrainte affreufe dans laquelle le barbare me retenoit. Mes discours furent sans menagement. Periandre nous quitta de colere : Ah Ciel ! dis-je alors, mon pere vivroit encore ! & dans quel endroit, justes Dieux, le retenez-vous, pendant que sa fille est persecutée par un monstre plus horrible pour moy que la mort ?

Ce domestique m'assura que je serois vangée, & que je pouvois me fier à son zele : mais que le cœur d'un homme sans naissance est rarement genereux ! Periandre sçut l'engager par
de

de l'argent à trahir mes interêts, & je compris la lâcheté de ce domestique par les discours que Periandre me tint dans la suite.

Ce nouveau malheur m'accabla, je succombai sous le poids de mes chagrins, mon mal augmentoit à chaque instant. J'esperai que ma maladie finiroit enfin la peine que j'avois à voir Periandre. Ma langueur le mit au desespoir. On m'ordonna de boire certaines eaux minerales, où il me conduisit lui-même. Dans ce voyage il devint trés-respectueux; la crainte de ma mort calma son impatience ordinaire, & la jeunesse & les remedes me rétablirent.

En cet endroit de son histoire, Caliste, que je continuërai d'appeller Isis, fit un recit de la rencontre de Clorante, & de tout ce que vous avez déja vû, Madame, & elle finit son histoire à son arrivée chez Fetime, aprés qu'elle eut fui avec Dorine.

Le jour paroissoit alors, & sans doute, direz-vous Madame, le recit d'Isis avoit été assez long pour lui donner le tems de paroître : mais qu'importe ? Si vous ne l'avez pas attendu, & si les evenemens dont le recit d'Isis est rempli vous font lire ces avantures qu'elle a rapportées, sans penser qu'elle a passé toute la nuit à les dire, vous y devez trouver des situations assez surprenantes, des malheurs qui passent l'imagination. Par-tout vous y voyez des amans que l'amour plonge dans un abîme de supplices ; les jalousies éclatent, le sang coule de toutes parts, ce n'eſt que deſeſpoir, tout y eſt fureur, ou plaintes & gemiſſemens, preſque point de calme; la vie de ces infortunez n'eſt qu'un tiſſu d'horreurs, le ſort & l'amour en font ſucceſſivement leurs victimes. Mais malgré toutes les infortunes dont ils les accablent, admirez ici, Madame, quel bien prodigieux ce doit être que l'amour. Ces victimes preſque expirantes ſous le poids de leurs maux, ſentent en un inſtant de bonheur évanoüir ces langueurs mortelles ; la mort fuit, la joye & les plaisirs s'emparent de ces cœurs où la tristesse & le desespoir faisoient leurs sieges. Ce changement devient l'effet d'un instant, d'une reconnoissance, & ces affreuses situations où leur vie avoit été comme ensevelie, ne sont plus aprés cet instant fortuné que des images presentées à leur esprit, pour redoubler la douleur qui succede à leurs maux. Au milieu de leurs malheurs l'amour leur conserve la source de leur bonheur, cette constance inébranlable & triomphante des coups les plus affreux du hazard. Ah ! si dans des chemins pour ainsi dire escarpez, si malgré l'orage & la tempête, si au milieu des foudres & des éclairs l'amour sçait conduire les amans dans le sentier du bonheur ; si comme le soleil il perce les nuages affreux qui leur déroboient l'éclat du jour ; si par des routes semées d'épines ils arrivent à cette douce volupté de cœur dont ils sont enfin comme enyvrez : concevez, Madame, dans quelles delices il entretient le cœur de ceux dont il ne traverse jamais le bonheur ; & si aprés des enchaînemens inconcevables d'infortune, les malheurs au moment heureux sont comme des ombres legeres qui disparoissent, que doivent, encore une fois, sentir ceux dans la memoire desquels l'amour n'a rien de fâcheux à faire évanoüir ?

Au reste, Madame, si le recit d'Isis emporte la plus grande partie des avantures de Clorante, vous ne le trouverez pas ſi extraordinaire, quand vous ferez reflexion que dans cette hiſtoire eſt mêlée celle de Caliſte elle-même, & que celles de Frelingue & de Parmenie, qu'elle rapporte, ont un rapport neceſſaire avec la ſienne ; que d'ailleurs l'épiſode n'eſt point étrangere, puis qu'elle eſt un recit des avantures des principaux perſonnages, je veux dire de Caliſte, & d'un autre qu'il n'eſt point tems que vous connoiſſiez encore.

J'ai dit que le jour parut quand

quand Isis eut fini son histoire. Il y a long-tems, dit-elle à Clarice, que je vous prive du sommeil ; je ne sçai si la curiosité que mon recit a excitée dans vôtre esprit vous recompensé un peu du repos perdu : mais enfin pendant qu'il nous reste encore quelques momens pour en prendre, profitons-en, ma chere Clarice.

A ces mots, Clarice cacha des larmes, que la fin des avantures de Caliste touchant Clorante lui faisoit verser. Isis avoit peint les moindres endroits de cette fin d'une maniere si vive, que Clarice y voyoit la preuve d'un amour dans Clorante le plus tendre qui fut jamais. Je ne regrette point le sommeil que j'ai perdu, dit-elle à Isis, & je perdrois ces momens de repos qui nous restent avec plaisir, si vous parliez encore.

Aprés ce discours elles se tûrent toutes deux, & tâcherent de s'endormir.

Fetime quelque tems aprés vint dans leur chambre. Elles étoient déja éveillées; elles s'habillerent pour joüir de la fraîcheur du jour : mais avant de se promener, elles passerent avec Fetime & Dorine dans la chambre de l'inconnu, à qui le repos de la nuit avoit rendu des forces. Alors sçachant que Fetime étoit la maîtresse de la maison, il acheva de marquer par la maniere reconnoissante dont il la remercia de ses bontez, qu'il faloit que sa naissance fût illustre, puisque les sentimens de son cœur faisoient éclater tant de noblesse. Il demanda quelles étoient les deux aimables filles qu'il voyoit, & si c'étoit ses enfans. Fetime lui répondit qu'elles n'étoient que ses amies : mais des amies si cheres, qu'elle les aimoit autant qu'une mere aimoit ses enfans. Cette repartie attira d'autres honnêtetez de la part des deux Dames.

Cependant Isis, qui d'abord n'avoit rien vû qui l'interessât dans la physionomie de l'inconnu, sentit, aprés l'avoir examiné, des mouvemens de compassion pour lui si vifs, qu'elle lui parla dans les termes les plus consolans, pour tâcher de calmer la melancolie dont il paroissoit accablé. Ses discours inspirerent à l'inconnu tant de reconnoissance, qu'il dit, en s'adressant à Isis & aux autres :

Vous êtes sans doute surprises de l'accident qui fait que je suis ici, & je dois aux bontez qu'on a euës pour moy le recit des malheurs qui m'ont conduit à celui qui m'est arrivé. Veüille le Ciel enfin me les faire oublier, en me rendant le seul bien qui me retient à la vie.

Aprés ces mots il commença de cette maniere.

Je tairai mon nom, non pas que je craigne de vous le confier : mais sous ce nom il m'est arrivé de si grands malheurs, que je voudrois pouvoir l'oublier moy-même, & ce sera sous celui d'Emander que je vais vous apprendre ce que j'ai à vous dire.

Je quittai il y a nombre d'années une épouse qui m'étoit chere, pour m'en aller dans mon pays recüeillir des biens de patrimoine. Ma mere vivoit encore; je restai quelque tems chez elle, & je partis de chez moy pour aller revoir ma chere épouse ; quand traversant une riviere dont le cours étoit impetueux, je tombai de mon cheval, par la violence des flots qui l'entraînerent malgré sa vigueur. Je nageai long-tems difficilement, & contraint d'avaler beaucoup d'eau, enfin mes forces s'épuiserent ; bientôt aprés je ne sçai plus ce que je devins. Un domestique que j'avois avec moy perit dans le même danger, dont je fus tiré par une avanture fort heureuse.

Un bateau plein de Cavaliers & de Dames passa dans l'instant que l'eau commençoit à m'entraîner, & que mes forces lassées m'abandonnoient. Ils étoient conduits par six bateliers. Cette compagnie genereuse engagea, par l'espoir d'une recompense considerable, ces hommes à se jetter dans l'eau pour me sauver. Ces sortes de gens sont faits à la nage ; trois des plus jeunes se hâterent d'ôter leurs habits,

& s'en vinrent à grandes braſſées dans l'endroit où j'allois enfoncer. Ils me ſaiſirent par mes habits, & me traînerent de cette maniere juſques dans le bateau, où les Dames & les Cavaliers s'empreſſerent à l'envi les uns des autres de me donner un prompt ſecours. On me tint long-tems ſuſpendu, pour me faire rendre la quantité d'eau que j'avois avalée, & je donnai bientôt des marques d'un meilleur état.

Cependant je n'eus pas la force de parler; mes foibles yeux diſtinguerent à peine ceux qui m'entouroient, & je fus porté, quand ce bateau fut arrivé où l'on alloit, chez un des Cavaliers de la Compagnie, qui voulut m'avoir chez lui. Il me fit mettre au lit; pendant la nuit je me remis beaucoup. Le matin ce Cavalier entra dans ma chambre ; il m'apprit de quelle maniere on m'avoit ſauvé, & me dit qu'il ne tiendroit pas à lui que ma ſanté ne fût bientôt rétablie.

Vous pouvez juger que

je lui marquai toute ma reconnoissance. Vous ne pouviez perir, me dit-il alors en riant, trop de Dames s'interessoient à vôtre vie; & la mort respectoit vos jours. Je répondis à ce compliment gracieux de la même maniere. Il me quitta : Je vais, me dit-il, vous envoyer compagnie, en attendant que je revienne. Quelques momens aprés je vis entrer une Dame d'environ trente-cinq ou quarante ans, trés-belle encore, & qu'on jugeoit aisément avoir été la plus aimable personne qu'on pût voir. Cette Dame en entrant me dit qu'il étoit juste, puis qu'on s'étoit chargé de me guerir de mon indisposition, qu'on y contribuât par tous les endroits qui pourroient en avancer la fin. On s'ennuye souvent d'être seul, ajoûta-t'.elle; le mal s'aigrit quand on y pense, & l'on vient pour tâcher de vous en dérober l'attention. Il m'est bien doux aprés mon accident, lui répondis-je, de trouver des cœurs aussi genereux, & je ne puis manquer d'être bientôt en pleine santé, puis qu'on prend tant de soin de me la rendre. Il seroit difficile, repartit-elle, qu'elle ne devinst precieuse à ceux qui vous connoissent, & vous êtes de ceux pour qui même on prend souvent plus d'interêt qu'il ne faudroit. Elle rougit un peu en disant ces mots. Quelque leger que fût l'interêt qu'on y prendroit, dis-je, Madame, sans doute on en prendroit plus qu'il ne faut : mais si la reconnoissance acquitte en quelque maniere de tous les services qu'on peut nous rendre, & nous les fait meriter, je suis du nombre de ceux qui n'en sont pas indignes. Il est des reconnoissances de toute espece, me dit-elle alors ; celle que vous me devez est peut-être autre que vous ne pensez ; il ne m'est pas permis de la dire, & je ne sçai même si je ne dois pas vous prier de ne la point deviner. Cependant, Seigneur, sçachez que j'étois de la compagnie des Dames qui se trouverent dans le bateau quand on vous sauva. A peine vous eut-on mis dans ce bateau, que touchée d'une veritable compassion pour vous, j'excitai mon frere à vous prendre chez lui. Il le fit, & jamais mon frere n'a fait d'action qui me plût autant que celle-là.

Cette Dame, en prononçant ces derniers mots, baissa les yeux d'un air mêlé de tendresse & de timidité. Assez surpris des tendres sentimens de cette femme, qui, quoique belle encore, me sembloit être d'un âge à ne plus penser que serieusement : Madame, lui répondis-je, les soins que chaque jour on a de moy dans cette maison, suffisent pour m'inspirer dans le cœur tous les sentimens qu'un honnête homme en pareil cas peut ressentir ; & c'est vous dire que mon respect & ma reconnoissance sont pour vous infinis.

Aprés ces mots, nous liâmes ensemble une conversation de choses indifferentes : mais je remarquai que cette Dame trouvoit dans chaque sujet occasion de me marquer de nouvelles

les bontez. Elles m'embarassoient extrémement, d'autant plus qu'elles me paroissoient effectivement partir également & d'une vraye tendresse, & du fond d'un caractere genereux.

Je ne sçai si elle s'apperçut de mon embarras, & de la peine que se donnoit mon esprit pour lui répondre honnêtement sans m'engager avec elle : mais sur la fin de nôtre conversation elle prit tout d'un coup un air beaucoup plus serieux. Seigneur, me dit-elle en me quittant, soyez ici tranquile, & tâchez de regagner vôtre santé ; je n'oublirai rien pour l'avancer. Vous nous quitterez quand vous serez en état de partir : mais partez persuadé qu'il n'est ni bienfaits, ni bonheur dont je ne souhaitasse vous combler. Je ne sçai si vous avez compris le sens de mes discours ; j'en aurois à rougir avec un homme moins genereux que vous ne paroissez : mais mon cœur, qui s'est d'abord interessé pour vous, ne trouve rien que de loüable dans ses sentimens, puis qu'enfin vous les meritez. Je ne vous en dirai jamais davantage, & j'aurois été au desespoir que vous ignorassiez l'estime que j'ai pour vous. L'aveu que j'en fais me satisfait, & je n'ai plus de vœux que pour vôtre guerison. Elle me quitta là-dessus, & me laissa presque immobile de chagrin de ne pouvoir répondre à des bontez qui portoient le caractere de la generosité, & de la tendresse la plus aimable qu'on pût s'imaginer. Je n'eus jamais la force de lui répondre; je me sen-

tis penetré de reconnoiſ-
ſance & d'eſtime pour cette
Dame, & je la vis ſortir de
ma chambre en la regar-
dant avec des yeux, ſi non
tendres, du moins triſtes
de ne pouvoir l'être : mais
je n'avois le cœur & l'eſprit
remplis que de ma chere
épouſe. Je ne l'avois poſſe-
dée qu'un an ; je ſoûpirois
même plus tendrement que
jamais pour elle.

L'experience que j'avois
des effets que produit un
amour mépriſé, ne me fit
rien apprehender en cette
occaſion. Il eſt des cœurs qui

ne ressentent jamais qu'une tendresse estimable & bienfaisante. Celui de la Dame qui venoit de me quitter étoit de ceux-là; ainsi je demeurai tranquile sur la foy de son caractere: cependant la connoissance de ses sentimens me fit prendre la resolution de partir le plûtôt que je pourrois.

Son frere arriva quelques momens aprés qu'elle fut sortie de ma chambre, qui me fit de son côté mille amitiez. Enfin ma santé revint, & je me preparai à partir.

Un jour mè promenant dans un petit bois que contenoit un assez grand jardin auprés de cette maison, qui étoit à la campagne, je trouvai une petite grotte, où j'entrai par un mouvement de curiosité. Dans cette grotte, que je parcourus, je trouvai un enfoncement assez étroit, fermé d'une porte à barreaux de fer. Je poussai cette porte sans aucun dessein, ne pensant pas même qu'elle fût ouverte. Apparemment qu'on l'avoit mal fermée, elle s'ouvrit. J'entrai dans l'enfoncement, qui étoit assez long & fort étroit. Quand je fus dans le fond, je crus entendre sourdement comme les soûpirs & les plaintes de quelqu'un. J'écoutai avec attention ce que ce pouvoit être ; mon attention me fit distinguer encore mieux les sourds gemissemens que j'avois d'abord entendus plus confusément. Ah Ciel ! m'écriai je assez haut, & quel malheureux le sort accable-t-il dans ces lieux ? A peine avois-je prononcé ces mots, que j'entendis, comme au travers de la muraille, une voix qui me prioit de m'approcher. Surpris de cette étrange avanture, je fis ce dont on me prioit, & l'on me dit alors: Seigneur, aux paroles que vous avez prononcées, & à vôtre voix j'ai jugé que vous êtes un étranger, & je vous appelle pour vous apprendre que je suis une infortunée que Fermane retient dans ces lieux. Je ne puis vous en dire à present davantage : mais par tout ce que les Dieux peuvent imprimer de vertu dans

dans le cœur d'un homme genereux, Seigneur, tâchez de me tirer de captivité. Je ne sçai comment vous avez penetré dans cet enfoncement ; c'est l'endroit où sont les machines & les tuyaux qui font joüer les eaux de la grotte, Fermane est le seul qui y entre avec un domestique qui sçait le secret de ma prison. La porte en est toûjours fermée ; & puisque vous l'avez ouverte, les Dieux semblent m'assurer que vous aurez assez de compassion & de generosité pour me secourir. Je vous parle au travers d'une porte, quoique la couleur vous fasse penser que tout est muraille : mais c'est une simple couverture de plâtre dont on a déguisé cette porte ; & si vous regardez avec attention, vous pourrez en appercevoir la ferrure. Fermane vient ordinairement ici avec une chandelle, & je n'ai point moy-même d'autre lumiere. A l'égard de la clef dont il ouvre cette porte, il a soin de la mettre dans un trou ménagé dans le coin de cet enfoncement. Il ne tient qu'à vous de sçavoir par vous-même ce que je vous dis.

Aprés ces mots, elle redoubla ses prieres avec mille soûpirs. Je lui dis que j'avois obligation à Fermane; en peu de mots je lui appris ce qu'il avoit fait pour moy : mais que malgré cela, je ne balancerois pas avant de partir de la tirer de son esclavage ; que je ne pensois pas que la reconnoissance dût aller jusqu'à approuver le crime ; que c'en étoit un que d'accabler dans une affreuse prison une infortunée dont les Dieux sembloient me reserver la délivrance ; & je lui dis que la chambre où je couchois donnant sur le jardin, j'en sortirois la nuit, & que je viendrois avec un flambeau ouvrir la porte, & la mettre en liberté ; qu'alors elle pourroit aisément sortir du jardin par une petite porte dont j'avois remarqué qu'on laissoit toûjours la clef en dedans. Le Ciel sans doute favorisera vôtre retraite, ajoûtai-je. Aprés ces mots, je me hâtai de sortir de cet endroit, & de pousser la porte comme je l'avois trouvée.

Je ne lui avois promis de venir la nuit que parce qu'elle m'assura que Fermane ne la voyoit jamais que le jour, & qu'il n'étoit point encore arrivé qu'il fût venu la nuit; & qu'ainsi la porte de fer demeureroit toûjours dans le même état. Nous étions alors sur le soir; aprés le repas je pris congé de Fermane & de sa sœur, & j'allai m'enfermer dans ma chambre.

Quand je jugeai que tout

le monde reposoit, je sautai de ma fenêtre dans le jardin. La hauteur n'en étoit point considerable, & je jugeois qu'il me seroit facile d'y remonter quand j'aurois rendu la liberté à l'inconnuë. Je tenois un flambeau à la main, & je m'avançai vers la grotte. Personne n'y avoit été ; je repoussai la porte de fer, j'avertis en toussant l'inconnuë de mon arrivée, qui me répondit de la même maniére, & je cherchai dans le coin de la muraille la clef de sa porte, dont j'avois déja remarqué la ferrure. Je la trouvai comme elle me l'avoit dit : mais en enfonçant mon bras pour la prendre, ma chandelle s'éteignit en l'approchant de trop prés de la muraille, qui étoit extremement humide. Je n'avertis point de cet accident l'inconnuë, espérant qu'en tâtant avec la main je trouverois la ferrure : mais comme je m'avançois vers cette porte, j'entendis qu'on poussoit celle aux barreaux de fer. La personne qui entroit n'avoit point de lumiere ; il lui étoit arrivé le même accident que moy en traverſant le jardin. Je me colai contre la muraille alors pour le laiſſer paſſer : mais la ſurpriſe où j'étois me troubla ſi fort, que je me rangeai juſtement à l'endroit où j'avois pris la clef de la porte de l'inconnuë.

Celui qui avançoit vers l'enfoncement, & qui connoiſſoit ce lieu, vint de mon côté pour la prendre. Il avança la main, & me ſentit ; il fit un cri, & ſe jetta ſur moy. Je me défendis; nous nous renverſâmes à terre, ſans que je rompiſſe le ſilence. Nos forces étoient égales, & nous n'avions l'un ſur l'autre aucun avantage. Nous nous laſſâmés de nous rouler à terre. Qui es-tu, malheureux, me dit alors cet homme, que je reconnus à la voix être Fermane lui-même ? C'eſt Emander, lui répondis-je, ne croyant pas qu'il fût poſſible de m'échaper ſans être reconnu. Emander, s'écria-t-il! Qui vous que je comble d'honnêtetez, vous venez dans ces lieux ponr m'enlever tout ce que j'aime ? Ah cruel ! Alors en peu de mots je lui fis un aveu de tout ce qui m'étoit arrivé, & je finis en lui disant que son action m'avoit paru injuste ; que cette infortunée m'avoit prié avec tant de larmes de la sauver, que j'avois crû être même obligé de le faire. Il se releva alors, & me dit : Emander, nous deciderons ailleurs qu'ici si j'ai tort, ou non. Suivez moy. L'inconnuë, qui avoit entendu le bruit que nous avions fait & nos paroles, faisoit dans sa prison des cris affreux. Cependant je suivis Fermane, qui me dit, quand nous fûmes dans le jardin : Je vous crois homme de cœur, attendez-moy dans cet endroit, je vais prendre deux épées, & nous sortirons d'ici pour aller nous battre plus loin. L'injure que vous m'avez faite, & vôtre ingratitude ne peuvent être vangées que par le sang. Allez, lui dis-je, je vous attens, puisque vous le voulez : mais souvenez-vous que ce n'est qu'à regret que je me vois contraint de me défendre.

Il me quitta là-dessus, & revint un moment aprés avec les deux épées: Choisissez, me dit-il, en me les presentant toutes deux. Les armes, lui répondis-je, sont égales, & le courage seul en fait la difference. Nous serons donc égaux aussi de ce côté, repartit-il, & j'aurai de plus que vous la justice & la raison. Et moy, lui dis-je, j'aurai pour moy les Dieux, qui condamnent l'action que vous faites, en retenant une infortunée dans l'esclavage.

Pendant ces discours nous sortîmes du jardin, & nous nous arrêtâmes dans un endroit où rien n'obscurcissoit la clarté de la lune. Je vis prés de cet endroit un château : Fermane, lui dis-je, éloignons nous davantage, on pourroit nous entendre. Non non, répondit-il, défendez vous ; cet endroit nous convient mieux que tout autre.

Aprés ces mots, il m'attaqua avec une intrepidité surprenante. Je voulus pendant quelques momens ménager sa vie, & ne faifois que parer fes coups. Je me fentis bleffé ; mon fang qui couloit m'irrita, je le preffai : je reçus encore une nouvelle bleffure ; je m'affoiblifsois, & je le perçai d'un coup qui le fit tomber. Un moment aprés je tombai moy-même. Ce que j'avois prévû arriva ; une Dame, que la chaleur exceffive de la nuit avoit empêchée de s'endormir, au cliquetis de nos épées parut fur un balcon, fur lequel elle entroit de fa chambre. Elle vit nôtre combat ; & comme nous avions prononcé quelques mots en nous battant, elle crut connoître la voix d'un de nous.

Elle sortit de ce balcon pour éveiller ses domestiques, & leur ordonner de tâcher à nous separer.

Ces gens arriverent aprés le combat ; Fermane avoit perdu connoissance, je perdois tout mon sang. Ils nous enleverent tous deux, & nous porterent au château, dans une chambre où leur maîtresse vint nous voir.

Que devint-elle quand elle reconnut Fermane! Cette Dame l'aimoit. Elle étoit extremement riche, & Fermane devoit l'épouser. Ah Ciel! s'écria t-elle, il en mourra, son ennemi l'arrache à la vie. L'amour dans tous les cœurs n'est pas également reglé sur la generosité. Cette Dame fut extremement irritée contre moy : elle eut un soin tout particulier de Fermane, en attendant qu'un Chirurgien, qu'elle avoit envoyé chercher, arrivât. A mon égard, je fus couché sur un mauvais lit, & l'on ne sembloit me conserver la vie, que pour la reserver à la van-

vangeance de Fermanc quand il seroit gueri.

Je demeurai quinze jours dans le même endroit où l'on m'avoit mis, sans voir personne que quelques domestiques, qui avoient ordre de n'avoir soin de moy qu'autant qu'il faloit pour que je ne mourusse point. Mes blessures n'étoient pas si dangereuses que celle de Fermane; en trois semaines de tems elles furent entierement gueries. On continuoit de m'apporter un peu de nourriture, sans me rendre la liberté de sortir.

Cependant le lendemain de nôtre combat Fermane apprit à la Dame qui j'étois, & lui cacha le vrai sujet de nôtre querelle ; car le fourbe n'avoit garde d'avoüer à cette femme, qu'il feignoit d'aimer pour l'épouser à cause de ses grands biens, que nous ne nous étions battus qu'à l'occasion de l'infortunée qu'il aimoit uniquement, & qu'il tenoit enfermée. Il pria cette Dame de faire avertir sa sœur de son avanture, mais de lui cacher que je fusse encore chez elle, parce qu'il s'étoit apperçû qu'elle avoit du penchant pour moy, & qu'elle romproit le dessein de vangeance qu'il formoit contre moy. Cette Dame fit ce qu'il voulut, & sa sœur vint le voir dans son lit, sans sçavoir que je fusse si prés d'elle. Elle demanda où j'étois, d'une maniere qui justifioit à la Dame ce que son frere lui avoit dit. On lui répondit que je m'étois sauvé, quoique blessé. Mais, mon frere, repartit-elle, presque les larmes aux yeux, & comment est-il possible que vous ayez eu un sujet de querelle avec Emander ? Jamais homme ne fut ni plus honnête, ni plus doux. Vous sçavez, ma sœur, lui repartit Fermane, que souvent dans ces grandes chaleurs je descends la nuit dans le jardin pour respirer le frais. Hier je m'y promenois, & j'y trouvai Fermane, qui, comme vous sçavez, ne pouvoit y avoir entré qu'en sautant de sa fenêtre. Il me parut extraordinaire qu'il fût sorti de sa chambre de cette maniere; je ne sçai combien de soupçons me vinrent dans l'esprit. Nous ne le connoissons que par son avanture. Il sembla se cacher en me voyant. Je lui parlai d'une maniere qui ne lui plut pas; il me répondit fierement, & nous nous piquâmes. Sur le champ, outré de ses réponses hardies, je courus chercher deux épées, & nous vînmes nous battre auprés du château de Madame. Je le blessai d'abord : mais enfin il me porta un coup qui me jetta par terre. Il se déroba alors, voyant qu'on venoit à nôtre secours.

C'étoit là le discours que Fermane avoit fait aussi à la Dame du château. Sa sœur retint ses larmes, cacha la douleur que lui causoit ma fuite, & blâma son frere de ses injustes soupçons. J'ai remarqué, lui dit elle, qu'Emander avoit des chagrins ; pourquoy n'a-t-il pû sans mystere sauter d'une fenêtre basse dans le jardin pour y rêver? Ah mon frere, vous dementez bien cruellement pour lui les manieres obligeantes avec lesquelles vous l'avez traité d'abord. Elle se tut aprés ces mots, & sortit pour avoir la liberté de soûpirer. La Dame chez qui j'étois ne vint point pour me voir; Fermane l'en empêcha sans doute, craignant que je ne l'instruisisse mieux qu'il n'avoit fait. Il guerit enfin, & voici ce qu'il executa contre moy.

Il y avoit dans ces cantons un homme de son âge & son parent, Officier de mer, & qui devoit s'en retourner dans ce tems-là pour commander un galion. Ce fut à ce parent que

Fermane s'adreſſa pour ſe défaire de moy avec moins d'embarras & de bruit, qu'en me faiſant mourir. Ce n'eſt pas que nôtre querelle lui fût ſi fort à cœur : mais ce que je ſçavois de l'inconnuë qu'il retenoit, joint à la crainte qu'il avoit qu'enfin la Dame n'apprît de moy le veritable ſujet de nôtre combat, furent les ſeuls motifs qui le firent travailler à me perdre.

J'ai dit que ſon parent devoit partir. Il ſçut lui faire entendre que ſa ſœur m'aimoit avec paſſion, que j'étois j'étois un avanturier qu'on avoit sauvé des eaux, & que je n'avois rien oublié pour engager sa sœur à m'épouser. Il seroit facheux pour la famille, ajoûta-t-il, que les biens passassent entre les mains de cet étranger ; cela me feroit un tort considerable, & j'attens de vous que vous me servirez dans cette occasion. Vous partez pour commander un gallion ; je vous prie de l'emmener avec vous, & de le laisser dans quelque Isle deserte auprés de laquelle vous passerez. Je ne vous demande pas sa mort ; j'épargne à vôtre compassion pour lui un si sanglant service. Je suis charmé, lui répondit son parent, de pouvoir vous obliger : quand il periroit un homme de plus ou moins dans le monde, ce n'est pas une grande affaire, & vous avez raison de vouloir qu'il soit hors de la portée de vôtre sœur. Vous pouvez être persuadé que j'executerai fidelement ce que vous me demandez, & que dans deux mois il ne sera plus en état de vous nuire. Je pars aprés demain, prenez vos mesures pour me le livrer le jour d'auparavant.

Quand ils se furent quittez, Fermane fit une fausse confidence à la Dame chez qui j'étois de ce qu'il avoit resolu de faire de moy. Elle approuva ses précautions contre le mariage de sa sœur, & lui dit qu'on n'avoit qu'à me venir la nuit enlever de chez elle, sans cependant me faire aucun chagrin ; car elle s'imaginoit que Fermane avoit uniquement envie de m'éloigner. Il lui fit entendre qu'il ne faloit point qu'elle fût presente à cette action: & le lendemain, aprés que Fermane eut fait avertir son parent de lui envoyer du monde, on vint se saisir de moy, & je me trouvai chez le Capitaine dans une chambre, d'où l'on me tira de trés grand matin, pour me faire partir avec le reste de l'équipage. Nous arrivâmes à l'endroit où l'attendoit le galion. On me mit sur le champ dans un lieu separé des autres, & j'eus le malheur de ne pouvoir dire un mot à cet Officier ; peut-être mes discours l'auroient-ils fait renoncer à l'execution d'un si barbare dessein.

Nous fûmes prés de deux mois sur mer, sans qu'on me tirât de l'endroit où j'étois. Aprés ce tems, on me força de passer dans un esquif, qui me conduisit dans une Isle, qu'apparemment le Capitaine jugea propre à faire reussir son dessein. Attendez là, me dirent ceux qui m'y laisserent, que le Ciel daigne vous envoyer du secours. Quel fort affreux envifageai-je alors ! Je les vis fe remettre dans l'efquif, & joindre le Capitaine, dont je perdis bientôt le galion de vûë.

Cependant cette Ifle ne prefentoit à mes yeux que des rochers ou des abîmes. Je marchai long-tems fans rencontrer rien qui m'apprît fi elle étoit habitée ou non ; je remarquai feulement que les arbres étoient chargez de fruits que je ne connoiffois pas. Fatigué de la penible marche que j'avois faite dans ces rochers & leurs precipices, je m'arrêtai auprés d'une espece de caverne, qui me sembloit avoir été travaillée de main d'homme. J'y jettai mes regards pour voir ce que c'étoit, & j'y apperçus une femme d'une figure trés-desagreable, qui tenoit deux enfans pendus à ses mammelles. Elle eut quelque frayeur en me voyant, & mit ses deux enfans à terre ; aprés quoy elle se leva, en me parlant un langage que je ne pouvois entendre. Je fis à mon tour ce que je pus pour lui faire comprendre que je n'avois deſſein de lui faire aucun mal. Cette femme alors rentra dans ſa caverne, mit ſes deux enfans dans une eſpece de hotte ſur ſes épaules ; & s'armant d'un arc & de quelques fleches, me fit ſigne de la ſuivre, mais d'une maniere qui ne marquoit point qu'elle fût mal intentionnée. Je marchai. A quoy m'auroit conduit ma reſiſtance ? Pouvois-je échaper de ces lieux ? Elle me fit traverſer vingt precipices, au travers deſquels elle paſſoit avec une adreſſe qui me ſurprenoit, & que je ne pouvois imiter. Enfin aprés avoir marché prés d'une demi-heure, nous arrivâmes dans une grande pleine, où je vis une quantité de Sauvages, mêlez d'hommes & de femmes, qui fautoient en rond autour d'une ſtatuë groſſiere & mal faite, qui repreſentoit la mort. Elle tenoit une boule dans une de ſes mains, & de l'autre elle foûtenoit un ſceptre. Je fus ſurpris de la joye que ces Sauvages témoignoient autour de cette ſtatuë, qui n'auroit à tous les hommes inspiré que de la tristesse. Aussitôt que ces Sauvages m'apperçurent, ma figure, differente de la leur, (car ils étoient gros & petits, laids jusqu'à la difformité, habillez à moitié de peaux de toutes sortes de bêtes fauves) ma figure, dis-je, leur parut extraordinaire. Ils quitterent la statuë, & vinrent en foule m'entourer. La femme qui m'avoit conduit vers eux se fit faire silence, & leur dit apparemment comment elle m'avoit rencontré. Son mari étoit du nombre des Sauvages qui dansoient, & je compris que c'étoit lui par les careſſes qu'il fit à ſes deux petits enfans.

Aprés que ces Sauvages m'eurent conſideré tour à tour, voyant qu'ils ne me faiſoient aucun mal, je reſolus, puiſque le ſort m'avoit conduit parmi eux, de faire en ſorte qu'ils m'aimaſſent, afin que je n'euſſe dans les ſuites rien à craindre. Je commençai par les careſſer à mon tour. Un d'eux s'étant échauffé à danſer ſaignoit du nez : je ſaiſis cette petite occaſion pour me faire valoir ; je tirai de ma poche un petit morceau de marbre, sur lequel étoit representé l'Amour, que je lui fis mettre derriere ses épaules. La froideur du marbre arrêta son sang presque sur le champ. Ces Sauvages furent surpris de ce que je venois de faire : ils leverent tous les mains au Ciel, & me regardoient avec admiration; car un saignement de nez parmi eux étoit un accident trés-dangereux.

Un moment aprés cette action, je remarquai un homme & une femme un peu loin de la troupe, couchez sur l'herbe, & qui n'avoient pû approcher comme les autres à cause de leur foiblesse. Leur maladie les accabloit. Je m'avançai vers eux, & leur tâtai le pouls. Toutes ces choses rendoient les Sauvages si attentifs, qu'ils ne perdoient pas le moindre de mes gestes. Les malades avoient, autant que j'en pus juger, une trés-grosse fievre. Je fis signe qu'on les transportât ; ils m'entendirent: aussitôt ils arracherent des branches d'arbres, dont ils firent comme une espece de brancard, sur lesquelles ils mirent les deux Sauvages malades. Je suivis ceux qui les transporterent, & nous marchâmes prés de trois cens pas hors de la plaine, parmi de petits bois & des rochers, & ces Sauvages s'arrêterent à deux autres petites cavernes, à peu prés faites comme la premiere que j'avois vûë. Là ils coucherent les malades sur des feüilles, qui leur servoient de lit. Quand ces malades furent en cet état, comme j'avois remarqué une quantité d'oiseaux dont cette Isle étoit remplie, je marquai à ces hommes qu'ils me donnassent des fleches, & qu'ils en prissent eux-mêmes, pour tuer de ces oiseaux que je voyois sur les arbres. Ils m'entendirent; alors ils me firent signe qu'ils alloient en prendre, & que je les attendisse. Ils courent & se dispersent, entrent dans de petites cavernes, & reviennent un moment aprés avec des arcs & des fleches. Ils me donnerent à choisir celles que je voulus prendre. Je m'armai d'un arc & de quelques fleches, & je marchai, leur faisant signe de ne point faire de bruit. J'apperçus bientôt de ces oiseaux sur les arbres; je tirai presque de suite deux fleches, qui percerent de part en part les oiseaux que j'avois tirez. Tout sembloit conspirer à redoubler leur admiration pour moy ; car il s'en faloit bien qu'ils tirassent de même. Plusieurs fleches partirent de leurs arcs : mais pas une ne reüssit, pendant que j'en tirai encore une qui fit tomber l'oiseau à mes pieds. Quand j'eus j'eus ces trois oiseaux, je les portai moy même, dans le dessein d'en faire des boüillons pour les malades, esperant que cela me reüssiroit, & que je les rétablirois par ces boüillons: mais je ne trouvai ni pots, ni feu; ces hommes ne vivoiét que des fruits de leurs arbres & de racines, qu'ils mangeoient toutes cruës: ils ignoroient même l'usage du feu. Que l'industrie rend ingenieux! Je pris de la terre, que je pêtris avec de l'eau, & j'en fis le mieux que je pus un pot, que j'exposai au soleil pour le faire secher. Les Sauvages m'examinoient toûjours; & comme ils n'avoient rien vû de pareil, ils attendoient avec admiration le succés de tout ce qu'ils me voyoient faire.

Quand le pot de terre que j'avois fait fut sec, je pris deux cailloux, entre lesquels je mis un morceau de mon habit pour servir de meche, & frapant ces deux cailloux l'un contre l'autre, j'en fis du feu, dont l'aspect fit une seconde fois lever les mains au Ciel à ces Sauvages. Quand ma meche brûla, je la mis entre de petits morceaux de bois trés-secs, que j'avois assemblez en un tas, & me mettant à genoux, je soufflai jusqu'à ce que le bois s'allumât ; bientôt la flâme parut.

Les Sauvages firent alors des cris étonnans ; ils s'approcherent du feu ; ils vouloient en prendre dans leurs mains : mais je les retins, en leur faisant tenir la main auprés, jusqu'à ce que la chaleur leur fît un peu de mal. Cela leur fit comprendre qu'il ne faloit pas le toucher.

Quand mon feu fut bien allumé, j'y mis une quantité de branches d'arbres pour l'entretenir, & j'y laiffai fecher mon pot de terre pendant une heure. Je le retirai aprés ; & puifant de l'eau dans un ruiffeau, je plumai les oifeaux, que je mis dedans mon pot avec l'eau : je le mis auprés du feu, jufqu'à ce que les oifeaux fuffent cuits ; je les retirai, & je ne laiffai dans le pot que le boüillon.

Pendant que je faifois toutes ces chofes, les Sauvages entouroient mon feu,

& se chauffoient avec un plaisir inconcevable. Cependant quand mon boüillon fut fait, je me levai pour retourner aux cavernes des malades. Les Sauvages ne manquerent pas de m'y suivre, emportant chacun un tison de feu, qu'ils remuoient en faisant des cris de joye. J'entrai dans les deux cavernes, & je donnai à chacun des malades une quantité de boüillon suffisante : cela leur fit un si grand bien, que quelques momens aprés leur fievre diminua. Quelques heures ensuite je leur en fis prendre encore, & le lendemain à moitié jour ils se trouverent entierement gueris, & en état de marcher.

Ce fut alors que ces Sauvages conçurent pour moy une veritable veneration. Ils allumerent par-tout des feux; le pot que j'avois fait servit de modele pour une infinité d'autres. Leur esprit se déploya, pour ainsi dire; car il ne faut bien souvent à l'homme que lui fournir une idée, pour qu'il en conçoive une quantité d'autres.

Ils firent des tasses, & de toutes sortes d'ouvrages de terre. A l'égard de ces oiseaux que j'avois cuits, j'en mangeai devant eux, & leur en donnai à goûter. Ils trouverent ce mets excellent : mais il manquoit du pain ; & comme le Ciel a répandu ses dons dans tous les endroits de la terre, je m'apperçus qu'il croissoit dans cette Isle d'un bled sauvage, dont ces hommes ne faisoient aucun usage, parce qu'ils ne le connoissoient pas. J'en fis couper une quantité, car ils m'obeïssoient aveuglément, & le fis sécher. Je sçus enfin trouver le secret d'en exprimer la farine, dont je pêtris plusieurs petits pains. Ils ne sçavoient ce que j'en voulois faire. J'en mangeai avec la chair des oiseaux que je tuois. Ils m'imiterent, & trouverent le pain si bon, que bientôt ils couperent eux-mêmes de ce bled sauvage, dont ils firent le même usage.

Cètte nourriture les engraissa ; ils se sentirent une santé plus vigoureuse. Ils allumerent du feu dans leurs

leurs cavernes, & y faisoient cuire leurs viandes : enfin les plantes, leurs racines & leurs fruits ne leur parurent plus que de mauvais mets, dont ils s'étonnoient avoir pû manger si long-tems.

Aprés ce premier changement que j'apportai parmi ces Sauvages, ils me donnerent une caverne spacieuse, qu'ils avoient travaillée avec peine : mais comme je leur avois appris à vivre moins sauvagement, je voulus leur apprendre à se loger mieux qu'ils n'étoient.

Je pris des branches d'arbres, dont je composai comme une petite cabane, & sur cette cabane ils en copierent de plus grandes, qu'ils habiterent, en laissant leurs sombres cavernes servir de retraites aux bêtes fauves. Chaque jour metamorphosoit les grossiers habitans de cette Isle; des cabanes de feüilles d'arbres, ils en vinrent à bâtir de petites cabanes de terre, & celles-là furent bientôt changées en de petites chambres bâties de pierre.

A cet adouciſſement que j'apportai dans leur maniere de vivre, ſuccederent bientôt des mœurs differentes de celles qu'ils avoient auparavant. Le changement que j'introduiſois parmi eux calmoit un peu la douleur que j'avois de ne plus voir mon épouſe. Puiſque les Dieux me deſtinent à paſſer le reſte de ma vie ici, diſois-je en moy-même, employons cette vie à civiliſer des barbares, & à les rendre dignes d'être les ouvrages de ces mêmes Dieux, & ne vivons que pour apprendre à ces hommes à qui ils doivent eux-mêmes le jour qui les éclaire.

Quand ils sçurent faire des cabanes, ils m'en travaillerent une, qu'ils ornerent de tout ce qui pût lui donner de l'agrément. J'appris insensiblement une partie de leur langage, & bientôt j'en sçus assez pour n'avoir plus besoin de leur parler par signes. Alors je reglai leurs mariages, dont ils ne laissoient pas que d'avoir une idée assez juste, quoique mal entenduë. Ces mariages étoient fans ceremonie. Quand une fille plaifoit à un homme, il lui prefentoit une branche d'arbre, dont il faloit qu'elle lui rendît la moitié ; finon il lui étoit permis de la conduire dans fa caverne; & quand elle y étoit entrée, elle étoit à lui malgré fa repugnance : d'ailleurs, fi dans la premiere année il n'en avoit point d'enfans, il la renvoyoit, & un autre pouvoit encore la prendre de même. Je leur dis que l'union de l'homme & de la femme devoit durer toute la vie ; que cette union devoit se contracter du consentement des deux parties, parce que les femmes étoient, comme les hommes, doüées d'une ame à qui l'Estre souverain avoit donné pour avantage une liberté de se determiner, qui ne relevoit de personne. C'est cet Estre, leur dis-je, qui a fait tout ce que vos yeux vous font voir ; il est l'admirable ouvrier de toute la nature, de ce ciel, parsemé d'éternelles clartez, & de ce soleil qui réchauffe les entrailles de la terre, & qui donne la vie aux moindres plantes. Ils écoutoient ces discours avec un sentiment intérieur qui leur faisoit connoître que j'avois raison. Je leur dis aprés qu'ils devoient adorer cet Être & le craindre. Le culte que vous lui devez, ajoûtois-je, consiste à le remercier des biens dont il vous partage, à ne point murmurer des maux dont souvent sa juste colere vous punit: il vous a faits pour lier ensemble une societé; la paix doit en faire le fondement: vous devez, après cet Estre, vous aimer les uns les autres, & éviter sur-tout les trahisons, les meurtres, & toutes ces actions violentes dont l'Estre souverain est irrité. Chaque homme doit respecter son semblable, & ne pas attenter à une vie dont l'Estre souverain seul doit disposer, puisque c'est lui qui vous l'a donnée. Alors je leur demandai. pourquoy je les avois trouvez autour de cette statuë de la mort.

Nous l'avons jusqu'ici regardée comme la seule Divinité qu'on devoit adorer & craindre, me dirent-ils ; & puisque la fin de la vie est le plus grand de tous les maux, nous avons crû, pour nous rendre cette mort favorable, devoir lui rendre un culte qui la fléchît à nôtre égard. Ne dispose-t-elle pas de nous tous ?

Oui sans doute, leur répondis-je, la mort dispose de vous tous : mais cette mort n'est point une Divinité comme vous l'avez pensé ; elle n'est autre chose que la fin de vôtre vie, dont l'Estre souverain limite la durée. Cesse-t-il de vouloir que vous viviez, vous cessez de vivre. Ce n'est donc point cette mort que vous devez adorer, & la crainte qu'elle vous a inspirée doit vous faire comprendre seulement combien le Ciel est irrité contre ceux qui la font souffrir aux autres, puisque de cette crainte vous devez juger qu'il est injuste de faire mourir ceux avec qui vous vivez. Mais cette vie que vous perdez, cette mort que l'Être souverain vous envoye, ne borne pas sur vous son pouvoir. Cette ame qui vous anime, qui vous fait maintenant sentir les veritez que je vous apprens; cette ame qui a jugé qu'il y avoit une puissance au dessus de vous, & qui ne s'est trompée que dans le choix; cette ame ne meurt jamais, l'Estre souverain l'a faite immortelle, & capable de joüir de biens infinis quand elle l'a craint, & capable de souffrir un éternel malheur quand elle l'a méprisé sur terre. C'est ainsi que j'instruisois ces Sauvages, & que de jour en jour je reveillois dans leurs cœurs ces sentimens de justice & de religion que tous les hommes apportent en naissant. Nous comprenons ce que vous nous dites, me répondoient-ils, nous le sentons, & nous sommes surpris même d'avoir été si longtems à l'ignorer. Ah puisque nous ne mourons jamais, & que nos ames subsistent toûjours, sans doute que leur felicité est attachée à l'amour qu'elles auront eu pour cet Estre tout puissant.

On ne peut s'imaginer

combien ces reflexions toucherent dans les suites ces Sauvages. Ils détruisirent leur idole, & en fabriquerent qui representoient cet Estre dont je leur avois revelé la connoissance ; ils lui mirent le foudre d'une main, & de l'autre une corne d'abondance, d'où couloit une infinité de biens, comme pour marquer qu'il pouvoit accabler de sa vangeance quand on se l'attiroit, & recompenser d'un bonheur infini. Ils lui bâtirent un Temple, où ils s'assembloient & le matin

& le soir. Ils m'élûrent enfin leur chef, & ce ne fut plus les mêmes hommes deux années aprés. Ils semoient du bled, qu'ils recüeilloient en commun ; car je ne voulus point leur apprendre le partage des biens, qui est la source de toutes les dissensions. J'élûs des chefs, qui avoient soin de donner une provision abondante à chaque famille. Les richesses appartenoient à tout le monde, & n'appartenoient à personne. L'envie & ses noirs chagrins étoient ignorez ; les filles & les garçons en s'époufant fe juroient une fidelité éternelle ; la moindre querelle n'alteroit jamais la paifible union des familles. J'appris aux fils à refpecter leurs peres, dont le pouvoir, reglé fur la raifon, venoit immediatement du Ciel. J'appris aux peres à ne point abufer de ce pouvoir, du mépris duquel le Ciel fe refervoit la punition. J'inftruifis les gens mariez de leurs devoirs : L'homme, difois-je aux femmes, reprefente le chef de la famille ; en cette qualité il a quelque autorité dessus sa femme, ses conseils, ses volontez doivent avoir la preference : mais de son côté, il ne doit point agir sans consulter sa femme ; son autorité ne seroit ni juste ni raisonnable, s'il étoit le seul juge de tout ce qui se passe dans sa famille. La justice doit toûjours le determiner, & c'est offenser les Dieux que ne s'y pas rendre. Il ne doit point faire sentir qu'il a ce droit de plus que sa femme ; cette maniere tyrannique rompt l'union & divise les cœurs.

Ses

DE ***

Ses actions doivent être douces & sages; il faut qu'il fasse en sorte que sa femme trouve du plaisir à lui ceder, & c'est dans ce ménagement qu'il doit, pour ainsi dire, dérober qu'il est le maître. Que sa femme de son côté, attentive aux moyens de plaire à son mari, ne neglige rien de ce qui peut lui faire meriter sa douceur; qu'elle partage ses moindres ennuis; qu'elle s'efforce de les dissiper; qu'elle entretienne ce mari dans la tendresse qu'il doit avoir pour elle, par d'aimables careffes · que l'habitude de fe voir ne ralentiffe jamais ; qu'elle fupporte fes défauts & l'en corrige, plus par une obeïffance complaifante, qui les lui faffe tendrement appercevoir, que par des avis que le dépit & les querelles fuivent de prés.

C'étoit par de tels difcours que je pliois l'efprit de ces Sauvages à écouter, à fentir la raifon. Toute cette Ifle ne fembloit plus qu'une feule famille ; le charme de l'innocence & de la paix fe gliffoit de jour en jour dans leurs cœurs.

Je paſſay de cette maniere avec eux quatorze ans antiers : ils m'appelloient leur pere ; je n'uſai jamais du pouvoir qu'ils m'avoient donné ſur eux, que par de douces remontrances qui calmoient les petits dérangemens qui arriverent; & cependant mon pouvoir étoit abſolu J'aurois coulé mes jours avec tranquilité, & même avec plaiſir, ſi mon cœur n'avoit toûjours conſervé l'image de mon épouſe..

Un jour que j'allois me

promener sur le rivage de la mer, accompagné de plusieurs d'entr'eux, nous apperçûmes les débris d'un vaisseau qui venoit de faire naufrage. Presque tout le monde en étoit réchapé; le vaisseau qui avoit heurté contre le roc ne s'étoit pas rempli d'eau si vîte, que les hommes n'eussent eu le tems de sauter sur ce roc. Ils étoient cependant tout consternez. Nous en vîmes plusieurs qui travailloient à tirer le vaisseau de la mer, pour en reparer les fractures.

Aussitôt que ces hommes nous virent, ils s'armerent, croyant que nous venions pour les surprendre. Je vis dans ce moment les miens se preparer avec courage à me défendre; ils m'entouroient même pour me mettre plus en sûreté, quand aprés leur avoir dit de ne rien craindre, je m'avançai vers ceux qu'une alarme mal fondée armoit contre nous. Je leur dis que nous n'avions dessein de leur faire aucun mal, & que je répondois de ces Sauvages. Ils furent surpris de m'entendre parler leur langue : mais je leur appris en peu de mots par quelle avanture ils me voyoient du nombre de ces Sauvages. En faisant ce recit, pour leur faire comprendre tout mon malheur, je leur en dis aussi le sujet. Une Dame assise sur l'herbe auprés de nous, & qui m'avoit entendu, se leva avec precipitation, & s'approchant de moy avec des marques de surprise & de joye, m'apprit qu'elle étoit la personne que Fermane tenoit enfermée dans cet enfoncement. Seigneur, me dit elle, vôtre generosité ne reüssit point : mais je vous conservai la plus vive reconnoissance, & le Ciel n'a point voulu me laisser ignorer quel étoit celui à qui je devois tant de bontez. Il est aisé de s'imaginer quelle fut à mon tour ma surprise : Tout malheureux que je suis, dis-je à cette Dame, mon cœur est bien sensible au plaisir de vous voir enfin délivrée de l'esclavage ; & la reconnoissance que vous me témoignez m'est une preuve que vous meritez le soin que le Ciel a pris de vous.

 Mes Sauvages voyant alors qu'au lieu de la guerre qu'ils attendoient, on ne me faisoit que des caresses, s'approcherent d'un air doux & paisible ; & les gens du vaisseau eurent lieu d'être bien étonnez, quand ils virent que ces Sauvages, qui les avoient alarmez d'abord, vinrent les aider à tirer leur vaisseau de la mer. Je leur témoignai que cette action genereuse me plaisoit beaucoup. Ce discours leur fit épui-

épuiser toute leur adresse & leurs forces ; ils degagerent enfin le vaisseau. Ceux qu'ils avoient obligez recompenserent ce service d'un tonneau d'eau de vie échapé du naufrage. Mes Sauvages furent charmez de ce present, quand ils en eurent goûté la bonté. Ils l'auroient bû tout entier, n'en connoissant pas la force, si je ne les en eusse instruits. Cependant en peu de tems le vaisseau fut en état de partir.

Je parlai au Capitaine, pour qu'il me reçût avec

lui. Il alloit au Perou, & devoit revenir auſſitôt qu'il y auroit fini ſes affaires. L'inconnnuë qui m'avoit parlé alloit avec lui en ce pays rejoindre ſes parens qui s'y étoient établis. Elle me dit qu'elle en avoit été enlevée par le parent de Fermane, celui qui m'avoit fait conduire dans mon Iſle. Quelques jours aprés qu'il fut arrivé chez lui, elle trouva moyen de s'échaper ; & dans la crainte qu'elle avoit d'être repriſe, elle entra chez Fermane, à qui elle conta tous ſes malheurs. Fermane lui promit de la souſtraire à la recherche du Capitaine, qu'il ne lui dit point être ſon parent : mais au lieu de lui tenir parole, concevant de la paſſion pour elle, il l'avoit enfermée lui-même, ſans que perſonne s'en apperçût. Quand elle fut en cet état, il n'oublia rien pour l'engager à répondre à ſon amour. Elle demeura trés-long-tems de cette manière. On me ſauva du naufrage, & je tentai inutilement de la ſauver. Ce cruel réſolut de la laisser expirer dans les lieux où il l'avoit mise, de rage de n'avoir pû vaincre sa resistance. Elle me dit aprés que le domestique qu'il avoit mis dans son secret avoit eu lieu d'être mécontent de son maître; que pour s'en vanger, treize années aprés ce que j'avois fait pour elle, il l'avoit la nuit mise en liberté, & avoit pris la fuite avec elle ; que depuis ce moment il lui étoit arrivé plusieurs differentes avantures ; & qu'enfin ayant appris que ce vaisseau partoit pour le Perou, elle avoit prié le Capitaine de l'y conduire, pour la rendre à ses parens, qui peut-être vivroient encore. Il faloit que l'inconnuë fût bien jeune quand Fermane l'avoit enlevée; car elle me dit qu'elle n'avoit encore que vingt-sept à vingt-huit ans. Elle étoit belle, mais d'une beauté singuliere & touchante. Je lui racontai à mon tour tout ce que la vaine tentative que j'avois faite pour elle m'avoit attiré de malheurs, & ce qui m'étoit arrivé dans cette Isle, où

Fermane m'avoit fait conduire. Elle me témoigna le chagrin qu'elle avoit que le soin de ses jours eût rendu les miens infortunez, & me dit que puisque j'avois resolu de quitter mes Sauvages, & de suivre le Capitaine du vaisseau, elle s'efforceroit, pendant le sejour que je ferois avec lui au Perou, d'adoucir mes inquietudes, & de calmer l'impatience que j'avois de retourner chez moy.

Quand le vaisseau fut prés de partir, j'avertis mes

Sauvages de ma resolution. Ils gemirent, ils verserent des larmes; il sembloit qu'on leur arrachât ce qu'ils avoient de plus cher au monde. Nous allons retomber dans le malheur de nôtre premiere vie, me disoient-ils ; nous sommes vos enfans, vous êtes, aprés l'Estre suprême ; celui que nous aimons le plus : ne nous quittez pas. Les meres pleurantes me montroient leurs enfans, & me disoient : Et comment sans vous voulez-vous que nous les élevions comme ils doivent l'être ? Ne nous aviez-vous pas promis de les inftruire vous - même ? Helas ! ils ne verront point celui à qui leurs peres & leurs meres doivent l'avantage de ne plus reffembler aux bêtes. Je vous avouë que je me fentis touché des marques d'amitié & de reconnoiffance qu'ils me donnerent : mais enfin je leur dis que j'etois marié ; qu'il faloit bien que j'allaffe rejoindre ma femme, puifque je le pouvois ; que je ne les oublierois jamais, & que j'efperois qu'ils fe ressouviendroient assez de moy, pour garder desormais toutes les maximes que je leur avois données. Aprés ces mots je vis tout le monde entrer dans le vaisseau ; on n'attendoit plus que moy. Je les embrassai, veritablement penetré, & je les quittai.

On vit ces meres desolées mettre leurs enfans à terre, & s'arracher les cheveux ; les hommes faisoient retentir le rivage de leurs cris: jamais on ne donna des marques d'une affliction plus vive. Ils ne quitterent point le rivage qu'ils n'eussent perdu le vaisseau de vûë. Nous avions les vents favorables, nôtre navigation fut heureuse, & nous fûmes en peu de tems au Perou, où je sejournai le tems que le Capitaine y fut. Nous nous en revînmes encore ensemble ; & aprés avoir mis pied à terre, j'arrivai dans ce pays. Il y a quatre jours que je m'arrêtai sur le soir dans une hôtellerie sur la route. On me logea dans une chambre attenant un petit cabinet, où, quelque tems aprés que je fus dans ma chambre, j'entendis qu'on enfermoit un homme comme par violence. Quand cet homme y fut tout seul, je l'entendis soûpirer longtems; il prononça plusieurs paroles assez confuses: Barbare Periandre, disoit-il, veüille le Ciel borner tes crimes & tes fureurs à la fin de ma vie.

Au nom de Periandre qu'Isis entendit: Ah Seigneur, s'écria-t-elle, avec un mouvement si vif, qu'elle ne put le moderer, ce nom m'interesse plus que je ne sçaurois dire pour le reste de cette histoire. N'avez-vous point sçû celui de l'infortuné qui se plaignoit ainsi ? Oui, Madame, & je vais dans un moment vous l'apprendre. Ses plaintes me toucherent ; les malheurs qu'on a soufferts soy-même attendrissent pour les malheurs des autres, & l'experience nous apprend combien les miserables sont à plaindre. Comme je jugeois bien que cet inconnu étoit enfermé malgré lui, & que de simles planches separoient son cabinet de ma chambre, je levai la tapisserie, pour essayer si je pourrois en ôter quelqu'une. Le hazard sembloit conspirer avec moy pour sa liberté ; je trouvai que cette tapisserie cachoit une porte, dont sans doute il ne pouvoit s'appercevoir lui-même, par la même raison qui faisoit que je ne la voyois pas. Ajoûtez à cela, que la douleur souvent dérobe l'attention. J'ouvris tout d'un coup cette porte, & j'apperçus un jeune homme parfaitement bien fait,

& de la phifionomie la plus aimable que je vis jamais. Seigneur ; lui dis-je, j'ai jugé par vos plaintes, & par ce que vous avez dit à ceux qui vous ont mis ici, que vous aviez befoin de fecours ; je viens vous en donner. Paffez dans ma chambre en attendant la nuit ; ma fenêtre donne derriere la maifon, elle eft fort baffe, il ne vous fera pas difficile de l'affranchir. Vous irez m'attendre à quelques pas dans la campagne ; je feindrai d'être obligé de partir alors, &

j'irai vous rejoindre dans le moment, pour vous défendre contre vos ennemis s'ils vous rencontrent. Seigneur, me répondit-il, tant de bontez me surprennent ; elles arrivent dans un instant auquel je ne puis presque qu'en profiter, sans avoir le tems de vous en marquer toute ma reconnoissance.

Après ces mots, je jugeai à propos de refermer la porte que cachoit la tapisserie, afin que si on venoit pour voir ce qu'il faisoit, on ignorât par quel moyen il s'étoit sauvé.

La nuit parut bientôt; il l'attendoit avec impatience. Il sauta de la fenêtre dans la campagne, & j'allai dans le même instant remonter à cheval. Je le trouvai qui m'attendoit sous des arbres ; je le pris en croupe, pour le porter à quelques lieuës de ceux qui l'avoient enfermé, & qui resterent dans l'hôtellerie; car il me dit qu'alors il étoit absolument obligé de me quitter : & je sçus, pendant que nous fûmes ensemble, qu'il s'appelloit Clo-

Clorante. O Ciel! s'écrierent en même tems les deux rivales. Clarice rougit d'avoir fait connoître à Califte la part qu'elle prenoit à ce recit. Cette fille la regarda avec des yeux qui marquoient une jalouse surprise. Cependant l'inconnu continuoit son discours, & ajoûta: Clorante me dit une partie de ses avantures, & m'apprit que ce Periandre, que je lui avois entendu nommer, étoit le maître de ceux qui l'avoient pris.

Là-dessus Emander raconta ce que vous sçavez, Madame, de l'histoire de Caliste, de Clarice & de Clorante, que cet amant lui avoit apprise, & conti-tinua aprés de cette maniere.

Je délivrai donc Clarice; me dit Clorante, par le moyen de Cliton, des mains de Turcamene ; je voulus même la voir s'éloigner, pour être certain qu'elle étoit libre, & je marchai aprés, accablé de douleur, dans le dessein de chercher Caliste, & de tâcher de découvrir ce que cette aimable personne étoit devenuë.

Aprés avoir marché environ trois ou quatre heures, j'apperçus auprés d'une petite maison une jeune fille, tournée d'une maniere qui m'en cachoit le visage. Je crus cependant reconnoître sa taille. Le bruit de mon cheval lui fit retourner la tête avec precipitation, & je la reconnus pour Dorine ; elle vit aussi tout d'un coup qui j'étois. Elle se leva ; je me hâtai d'avancer vers elle, & transporté de joye, croyant qu'elle m'alloit rendre Califte : Ah Ciel ! m'écriai-je, quelle rencontre ! Et Califte en quel endroit eft-elle ? Helas, Seigneur, me répondit cette fille, la larme à l'œil, Califte n'eft point avec moy, & je ne fçai point où elle eft.

Ces funeftes mots porterent dans mon cœur tout ce que le defefpoir peut avoir de plus violent & de plus terrible. O fort ! m'écriai-je, eft-ce ainfi que tu te jouës des malheureux mortels ? Ma chere Califte, helas ! mon cœur sera-t-il donc la victime de l'amour le plus cruel ? Ces chagrins affreux qui répandent tant d'amertume dans ma tendresse, ne l'abandonneront-ils jamais ?

Aprés ce discours, cette fille me raconta de quelle maniere elles avoient fui toutes deux pendant le combat que j'eus contre Periandre dans le jardin. J'en craignis les suites, me dit-elle ; & prenant Caliste par la main, je la fis sortir sans qu'elle s'apperçût de mon action, tant elle étoit agitée de differens mouvemens. Nous attendîmes quelque tems dans le bois prochain que vous vinssiez : mais ce fut inutilement, & nous crûmes ou que vous étiez dangereusement blessé, ou qu'enfin Periandre vous tenoit en son pouvoir. Ces reflexions mirent Califte dans un état déplorable. Nous continuâmes cependant à marcher le plus vîte qu'il nous fut possible, & nous fûmes en peu de tems trés éloignées de la maison de Periandre.

Cependant Caliste se fatigua; la lassitude & ses chagrins l'accablerent. Nous nous asssîmes à l'ombre sous plusieurs arbres qui formoient une allée. Une alteration mortelle tourmentoit ma maîtresse. Je me levai pour regarder s'il n'y avoit point quelque ruisseau dans ces lieux, je n'en trouvai point. Caliste m'attendoit couchée sur l'herbe, dans un état digne de compassion. Je me determinai à lui aller chercher à boire à cette maison où je suis, qui cependant étoit à prés de trois cens pas de l'endroit où nous étions. J'y courus le plus promtement que je pus, & je revins avec un pot plein d'eau, que les bonnes gens qui y demeurent m'avoient donnée : mais, ô Ciel ! quelle fut ma douleur quand je ne trouvai point Califte ! Je l'appellai, je la cherchai de tous côtez ; mes cris & mes pas furent inutiles, je ne vis plus Califte. Dans l'incertitude où j'étois de ce qui pouvoit lui être arrivé, je revins chez le payſan qui m'avoit m'avoit donné de l'eau, esperant que le hazard pourroit me la remontrer, ne m'éloignant point de ces lieux. Ce paysan fut touché de la douleur où j'étois ; il s'y interessa si obligeamment, qu'il me conseilla de rester chez lui, & me dit que, selon toute apparence, ma maîtresse, si elle étoit libre, m'y reviendroit chercher. J'y suis depuis quelques jours : mais je n'ai point revû Caliste, & je perds l'espoir de la revoir jamais.

Cette fille, continua Clorante, se tut aprés ces mots. Je lui dis de rester encore quelque tems chez le paysan ; que je reviendrois la revoir, & que je partois du même moment pour chercher Caliste. Je m'éloignai d'elle aussitôt, & le cœur penetré de douleur je courus, & m'arrêtai dans tous les endroits voisins, en demandant des nouvelles de Caliste, dont je faisois le portrait à tout le monde.

Aujourd'hui je me suis senti accablé de chagrin & de fatigue ; je suis descendu de cheval pour me reposer sous un arbre : alors j'ai vû d'une chaumiere voisine sortir plusieurs hommes, qui sont montez à cheval. Ils m'ont apperçu, se sont approchez de moy, & je me suis tout d'un coup trouvé saisi, pendant que quelques-uns d'eux délioient la bride de mon cheval, que j'avois attachée à un arbre.

Entre ces hommes qui m'ont surpris, je n'ai reconnu qu'un domestique, que j'avois vû une ou deux fois chez Periandre. J'ai cependant fait quelque resistance, pour arracher mon épée des mains de ceux qui me l'avoient ôtée : mais enfin il a falu ceder. On m'a lié sur mon cheval, & nous sommes venus ici, parce que leurs chevaux étoient si fatiguez, qu'ils n'auroient pû me conduire chez leur maître. Ils m'ont enfermé dans ce petit cabinet, & c'est à vous, Seigneur, à qui j'ai dû ma liberté.

Clorante, continua Emander, finit là son recit. Nous étions déja aussi loin qu'il le faloit pour qu'il n'eût plus rien à craindre de ses ennemis. Il est tems, m'a-t-il dit, que je vous quitte, Seigneur ; j'ai perdu ma chere Caliste, & mon cœur ne respire que pour elle ; je vais la chercher, & mourir de douleur si le sort ne me la rend pas.

Aprés ces mots, Clorante s'est éloigné de moy, & a continué son chemin d'un autre côté.

Aprés avoir marché trés-long-tems, un spectacle assez étrange a frapé mes yeux, j'ai vû quatre hommes qui forçoient une jeune fille à les suivre, & qui vouloient la mettre sur un cheval. Cette fille par les cris les plus affreux témoignoit son desespoir, & la crainte qu'elle avoit d'être enlevée par ces hommes. Elle a retourné la tête, & m'a vû : Ah brave inconnu, m'a-t-elle dit d'un air épouvanté, sauvez-moy, ces hommes me conduisent à la mort.

Ces mots & la compassion qu'elle m'a faite m'ont engagé à la défendre. J'ai

DE ***
couru sur ses ravisseurs; trois d'entr'eux se sont détachez, pendant que l'autre retenoit la jeune fille. Nous nous sommes battus, je les ai blessez: mais enfin je suis tombé dans mon sang, & j'ai perdu connoissance. Je ne sçai plus ce qu'ils sont devenus avec la fille, & je me suis trouvé dans ces lieux, où vous m'avez appris, dit Emander en s'adressant à Fetime, de quelle maniere j'avois été porté.

Emander finit là son histoire. Caliste, à qui le

LES AVANTURES commencement de cette histoire avoit inspiré des mouvemens confus, par le raport qu'elle trouvoit de l'accident qu'elle croyoit avoir fait perir son pere, à celui qui lui étoit arrivé effectivement, ne put s'empêcher de lui dire d'un air vif & impatient: Seigneur, j'ai prêté beaucoup d'attention à tout ce que vous venez de nous raconter; mais il est dans vôtre recit un endroit qui donne à mon cœur un interêt si cher, que je vous demande en grace de ne plus cacher vôtre veritable nom. Ah Ciel ! si ce que je sens, si ce que je pense est vrai, si vous étiez Fredelingue !

A ce nom Emander rougit : Ah Dieux, s'écria-t-il ! Eh bien, Madame, quand je serois ce Fredelingue, que me diriez-vous ? Que je suis Caliste, fille de cette Parmenie que vous venez chercher, dit Isis, mais que la mort vous a enlevée.

A ces mots, Emander tendit les bras à sa fille : Parmenie est morte, ma ma fille, dit-il ! & le Ciel en me l'ôtant me rend du moins de quoy me consoler de sa perte. Embrassez-moy, ma fille, je suis vôtre pere : mais ô Ciel! dans quel état vous trouvai je ? Les larmes & les caresses interrompirent leurs discours en ce moment ; Clorine & Ferime en étoient touchées ; Clarice même étoit sensible au bonheur de sa rivale. Aprés que Fredelingue & Isis, que je n'appellerai plus que Caliste, eurent satisfait à leurs premiers sentimens de tendresse, Caliste apprit à

Fredelingue qu'elle étoit celle que cherchoit Clorante, & celle enfin que Periandre avoit si longtems retenuë dans l'esclavage, & d'une maniere si barbare : aprés quoy elle lui apprit en ces mots la raison qui l'avoit fait disparoître pendant que Clorine étoit allée lui chercher de l'eau.

A peine, dit-elle, cette fille fut-elle à moitié chemin de la maison à laquelle elle alloit, que j'apperçus nombre de cavaliers qui marchoient entre les arbres de l'allée où j'étois couchée. Je ne sçai s'ils m'apperçurent aussi : mais il me sembla qu'ils se hâtoient davantage. Je me levai, toute fatiguée que j'étois, & m'enfonçai dans une petite forêt qui étoit prés de là. Je marchai avec une precipitation & une legereté dont la crainte de mille malheurs me rendit capable. Je croyois toûjours entendre le bruit des chevaux, quoique j'en fusse trés éloignée.

Je vis alors un arbre d'une grosseur énorme, que

les ans avoient creufé; dans mon épouvante je ne balançai point à y chercher un azile. J'entrai dans le creux de cet arbre, & m'y tins avec des alarmes terribles. Je ne me trompois pas, quand je crus que ces cavaliers marchoient dans la forêt. Ils paſſerent auprés de l'arbre où j'étois cachée; le Ciel me preſerva du malheur de tomber entre leurs mains. Je ne fortis de cet endroit qu'une heure aprés cette avanture, & je continuai mon chemin juſques dans cette maison, où je parlai à Fetime, & lui dis l'état de ma destinée. Elle m'offrit sa maison pour retraite, & m'envoya chercher cet habit que vous me voyez, pour me déguiser. Je suis ici depuis ce tems. Helas ! je me flatois quelquefois que Clorante y seroit conduit par le hazard: mais peut-être s'en éloigne t il pour jamais.

Aprés ces mots: Ma fille, répondit Fredelingue, Clorante m'a paru meriter les sentimens que vous avez pour lui ; il vous a rendu un assez grand service, en vous arrachant du pouvoir tyrannique de Periandre, pour que je sois engagé moy-même à ne rien negliger de ce qui peut contribuer à vous rendre l'un à l'autre. Là-dessus Fredelingue instruisit Fetime de l'endroit où Clorante lui avoit dit qu'il avoit trouvé Clorine. Ce jeune homme dans ce recit avoit parlé de cet endroit d'une maniere assez remarquable. L'amour saisit avidement les moindres apparences. Il ne falut pas plus de clarté pour rendre l'espoir à Caliste, qui, suivant le consentement de son pere, pria Fetime de se transporter à cet endroit, & Frédelingue lui permit de l'accompagner. Clarice voyant que Caliste se preparoit à partir, feignit, par un sentiment d'amitié, de vouloir la suivre. Le départ de ces deux personnes paroîtra peut-être étrange : mais quoy, pouvoient elles s'exposer à ne revoir jamais Clorante, plûtot que de blesser certaine rigoureuse bienseance qui leur enlevoit

voit pour jamais l'objet estimable de leur tendresse ?

Je viens de dire que Clarice voulut suivre Caliste. Cette amante aimée, à ce discours, se ressouvint de l'exclamation de Clarice au recit de Fredelingue : Je ne sçai, lui répondit-elle, quel interêt vous fait agir : mais j'y consens, puisque c'est peut-être vous faire plaisir. Elle dit ces mots d'une maniere assez froide. Clarice s'apperçut bien qu'elle démêloit la verité ; la froideur de Caliste lui rendit son infortune encore plus sensible. Je vous suivrai, lui dit elle, & mes malheurs sont assez grands, pour supporter patiemment encore celui de me voir rebutée de tout le monde. Peu s'en falut qu'elle ne dît d'une rivale : mais elle se retint.

Fetime, Caliste & Clarice partirent donc sur le champ. Fetime connoissoit à peu prés l'endroit que leur avoit dit Fredelingue. Déja ils ont fait un chemin assez considerable. Elles avoient tout à craindre de la part de leurs ennemis qui les cherchoient: mais le cœur est un guide aveugle qui affranchit tout ce qui s'oppose à ses passions ; les difficultez l'irritent, & le fort même, qu'il semble défier, est souvent comme lassé de lui nuire.

Il y avoit déja long-tems que ces deux Dames, toûjours déguisées en paysannes, marchoient avec Fetime, quand elles rencontrerent quatre cavaliers qui se reposoient sur l'herbe. A peine Clarice les eut-elle apperçus, que parmi eux elle reconnut Turcamene, ce Corsaire au pouvoir duquel elle avoit été si long-tems. Il la vit à son tour : mais ô Ciel ! que devint Caliste, quand de son côté elle reconnut Periandre ?

Ces deux hommes, comme vous avez pû voir, Madame, avoient envoyé courir sur les pas de leurs captives. Clorante avoit été rencontré par les gens de Periandre ; Caliste même en avoit été poursuivie. Ce cruel, malgré ses blessures, n'étoit resté que deux jours au lit ; elles n'étoient point dangereuses. Il s'étoit fait mettre à cheval, & avec quelques-uns des siens s'étoit determiné à chercher Caliste lui-même. Turcamene l'avoit rencontrée, lorsque la fuite de Clarice lui avoit fait prendre le parti de courir aussi sur ses pas. Ces deux tyrans (car ils meritent ce nom) se connoissoient; ils se demanderent la raison de ce qui les mettoit en campagne, & l'aveu qu'ils se firent leur avoit éclairci toute l'histoire ; car vous sçavez, Madame, que Clorante avoit été porté chez Periandre par ordre de Turcamene, & qu'ainsi ils pouvoient se mettre au fait, & débroüiller toute l'avanture. Vous pouvez penser avec quelle ardeur ils se leverent, avec les deux hommes qui les accompagnoient, pour se saisir des deux rivales, qu'ils reconnurent aussitôt. Elles firent un cri affreux, & se mirent à fuir avec autant de resolution que si elles avoient pû échaper à leurs ennemis. On les joignit bientôt: Turcamene arrêta Clarice, qui se débattant entre ses bras, se blessa mortellement d'un poignard que Turcamene tenoit dans ses mains. Le sang rejaillit sur ce Corsaire. Clarice se sentant blessée, trouva le secret de se défendre, de maniere qu'elle tourna le poignard à son tour sur le cœur de ce Corsaire, qui reçut une large blessure, qui lui fit expier son crime au moment qui lui en assuroit le succés.

Pendant que cette tragique avanture se passoit, Periandre avoit déja fait arrêter Califte : Malheureufe, lui dit-il, que de tourmens mon amour, deformais fureur, te prepare ! Mais le perfide, en prononçant ces mots, ne penfoit pas qu'il y avoit un Ciel au-deffus de lui, qui lui preparoit à lui-même une fin digne de couronner fes forfaits.

Pendant qu'il parle ainfi, & qu'il traîne impitoyablement Califte pour l'obliger à le fuivre, Clorante, accompagné de Clorine, qu'il venoit d'arracher des mains de fes ravifleurs, fecondé secondé d'un inconnu qui étoit encore avec lui ; Clorante, dis-je, arrive. Quel objet, ô Ciel ! cet amant reconnoît Caliste, il apperçoit Periandre. Le spectacle de la violence qu'on fait à cette fille porte la rage & le desespoir dans son ame ; il vole à son secours, l'inconnu le suit, Periandre se défend quelque tems avec les siens : mais qui peut resister à l'amour armé pour défendre l'objet qui l'allume, & secondé d'un ami intrepide & plein de valeur ? Periandre & les siens tombent percez de plusieurs coups mortels. Va, dit Clorante, en accablant Periandre d'un coup affreux, va malheureux, dans les enfers, où le Ciel ajoûtera ce qu'il manque à ta peine.

Aprés ces mots, il court à Caliste, que la surprise, l'horreur, l'amour rendoient presque immobile. Ah Ciel! Clorante, c'est à vous à qui je dois la vie, l'honneur & la liberté, s'écria-t-elle, en le voyant s'approcher! Je n'ai qu'un cœur à vous donner cependant : mais ce cœur ne voit point de bornes à sa tendresse. Ah Madame, un mortel, s'écria Clorante, le possedera donc sans le meriter ? Le mien même, mon sang, ma vie, ne vous doit-on pas tout quand on vous a vûë ?

Pendant qu'ils faisoient éclater leurs transports, Clorine étoit accouruë vers eux, pour leur dire qu'une Dame expirante à quelques pas d'eux demandoit à leur parler. Clorante avoit été si partagé entre sa fureur & son amour, qu'il n'avoit eu des yeux que pour satisfaire à ces deux mouvemens. Clarice se mouroit; cependant cette infortunée avoit prié Clorine, qui s'étoit approchée d'elle sans la connoître, (seulement parce qu'elle étoit de la compagnie de Caliste) d'avertir ces deux amans qu'elle expiroit, & qu'elle avoit à leur parler.

Ils en approcherent. Clorante fut veritablement touché de l'état où il trouvoit cette Dame, dont l'amour prodigieux avoit fait tous les malheurs. Je meurs, dit-elle à Clorante, & vous êtes deformais affranchi de la peine de me voir ; en ce moment où la mort met fin à une vie agitée, ma tendresse se fait un plaisir de celui que vous allez goûter à present. Vous retrouvez Califte, vous êtes content, & je ne vous laisse point dans les chagrins affreux dont j'ai été témoin : mais je perds tout mon sang, & je meurs. Adieu, Clorante ; fasse le Ciel que mes vœux soient accomplis, vôtre bonheur ne sera plus traversé : souvenez-vous quelquefois de moy. Et vous, Caliste, continua-t-elle, en s'adressant à cette Dame, vous voyez maintenant ce que signifioit la demande que je vous ai faite. Je n'ai plus besoin que de compassion : mais je benis le Ciel d'une mort qui finit mes malheurs, & que je reçois en voyant finir les vôtres. Adieu, la force me manque, je sens que la vie m'abandonne. Ah Ciel ! j'expire. Clarice, après ces mots, sortit d'une vie qui n'avoit été qu'un tissu d'afflictions & de supplices. Clorante reçut ses derniers regards, & pâlit à ce spectacle attendrissant. Caliste fut penetrée du malheur d'une rivale, qui joignoit à mille charmes un amour si tendre. Elle versa des larmes : Ah Clorante, s'écria-t-elle, que Clarice étoit aimable ! que de tendresse ! que cette mort est touchante ! Elle meritoit vôtre cœur ; il se repentira peut-être de son insensibilité. Ah Madame, répondit Clorante, Clarice sans doute meritoit d'être aimée : mais épargnez à mon esprit de si tristes reflexions, & ne songeons dans ces momens qu'à la plaindre.

L'inconnu qui avoit secouru Clorante plaignit beaucoup Clarice; sa mort répandit une juste tristesse dans le cœur de tout le monde. Ils remonterent à cheval avec Califte & Clorine, pour faire venir quelques paysans qui emportassent l'infortunée Clarice. Ils s'en retournerent chez Fetime, où Califte avertit Clorante qne son pere étoit resté blessé. Elle ne lui dit point en quelle occasion il avoit reçû sa blessure, ni quel étoit celui à qui il devoit la liberté; elle vouloit lui laisser le plaisir de la surprise. A l'égard de l'inconnu, il se rendit aux instances que lui fit Clorante de les suivre, & de passer la journée avec eux. Clarice fut enterrée, & Clorante par sa douleur justifia toute l'estime que cette Dame avoit faite de lui.

Cependant il embrassa

Fredelingue, & fut charmé de voir que celui à qui il devoit sa liberté étoit le pere d'une personne qui lui étoit si chere.

Fredelingue de son côté approuva sa tendresse pour Caliste, & leur marqua qu'il seroit ravi de les voir incessamment heureux. L'inconnu seul, au milieu de tout le bonheur qui combloit l'amour de nos amans, conservoit une tristesse profonde. Clorante penetré pour lui d'un sentiment de reconnoissance, tâchoit, mais en vain, d'adoucir ses ennuis. Chacun raconta ses avantures, & Clorante engagea l'inconnu à raconter aussi les siennes. Vous m'avez, lui dit-il, procuré toute la felicité dont je vais joüir ; sans vous sans doute, amant le plus infortuné je verrois Caliste retombée entre les mains du plus barbare de tous les hommes, & je serois moy-même exposé à toute sa vangeance. Que ne puis je à mon tour vous rendre d'aussi grands services ! Helas ! Seigneur, repartit l'inconnu, mes malheurs font fans remede, & la mort feule, en me reftituant ce que j'avois de plus cher au monde, pourroit finir tous mes chagrins ; car je n'efpere pas que jamais le hazard me rende un fils... A ces mots les larmes lui vinrent prefque aux yeux, & continuant fon difcours : Puifque vous fouhaitez, leur dit-il, que je vous apprenne les raifons qui entretiennent mon cœur dans une langueur fans fin, fçachez que je fuis Anglois de nation. Des malheurs dont il est inutile de vous expliquer la cause, m'obligerent de passer en France. J'épousai dans ce pays une personne que j'aimois ; les liens de nos cœurs prévinrent ceux du mariage, & en entretinrent tout le charme. Quelques années aprés l'avoir épousée, quelques amis perfides me persuaderent, en m'écrivant de Londres, que mes affaires étoient accommodées, & que je pouvois revenir en toute sûreté. Je pars, en laissant mon épouse à la campagne, & un fils, l'unique fruit de mon mariage.

A ce recit, Clorante ne put davantage retenir le transport que le commencement de l'histoire de l'inconnu avoit excité dans son cœur : Ah Seigneur, lui dit-il, en se jettant entre ses bras, que de faveurs aujourd'hui le sort me prodigue ! Ah Ciel ! je retrouve donc un pere, dont la mort m'a si cruellement abusé. Mon pere, c'est vôtre fils qui vous parle ; c'est celui que vous desesperiez de revoir par un coup de hazard.

A ces mots l'inconnu, qui étoit effectivement le pere de Clorante, sentit bien vîte les mouvemens de la nature s'accorder aux caresses de son fils. Ah Clorante, lui dit-il. La tendresse & la surprise arrêterent ses paroles en cet endroit ; il n'eut plus que l'usage de ses bras, dont il pressoit tendrement son fils. Ce spectacle émut tous ceux qui le virent ; le Ciel sembloit à tout moment faire de nouveaux miracles en faveur de ces fortunez amans. Que vos jours seront heureux, s'écria Fredelingue, en les embraſſant encore, & que le Ciel par de tels accidens ſemble vous préſager de douceurs! Enfin, Seigneur, continua-t-il, en s'adreſſant au pere de Clorante, que l'union de nos enfans nous lie à nôtre tour d'une amitié éternelle. Ma fille eſt l'objet des deſirs de Clorante; j'ai mille plaiſirs à combler ſon bonheur : puis-je me flater que vous la voyez avec la même joye ? Seigneur, répondit le pere de Clorante, vous m'avez pré-

prévenu dans l'offre que vous me faites de vôtre amitié, & je l'eſtime deja tant, que cette amitié que m'acquiert la tendreſſe de Clorante pour vôtre fille, n'eſt pas un des moindres ſujets de ma joye. Aprés cette réponſe, on le preſſa de continuer ſon hiſtoire; il le fit en ces mots.

J'arrivai à Londres ; à peine y fus-je, que je fus mis en priſon. Je paſſe tout ce qui m'y arriva, pour vous dire qu'enfin un jour je vis venir des hommes qui m'apporterent un gobélet plein de poison. Je l'avalai, & écrivis aprés à mon épouse & à mon fils. Un domestique qui m'étoit resté leur porta ma lettre dans un tems où je n'attendois que l'instant de ma mort. Ceux qui m'avoient apporté ce poison se retirerent pour me laisser expirer en paix : mais à peine furent-ils sortis de ma chambre, que mon geolier, accompagné d'un inconnu, y vint. Ils me firent avaler une liqueur, qui en peu de tems fit un effet prodigieux ; aprés des efforts surprenans, je rendis le poison qu'on m'avoit fait prendre. Ils me tirerent de mon cachot, & me conduisirent dans une chambre de l'appartement du geolier. Je me mis au lit, fatigué de ce qui s'étoit passé ; ils m'y laisserent sans me rien dire. Je ne sçus à qui attribuer le soin qu'on prenoit de ma vie. Je m'endormis accablé, & ce ne fut que le lendemain que je fus informé de tout, & voici comment je fus sauvé de la mort.

J'avois avant mes malheurs contribué au mariage d'une Dame avec un Seigneur, qui devint aprés, par des raisons de politique, un de mes plus cruels ennemis. La fille qu'il épousa n'étoit point riche ; une estime de bienvellance que je conçus pour elle m'engagea à prendre soin de sa fortune. J'en donnai la connoissance au Seigneur qui l'épousa, dans le dessein de faire reüssir un mariage entr'eux. Ce Seigneur fut charmé de cette Dame ; elle avoit mille appas, & je l'aurois même choisie pour épouse, si mes biens avoient suffi pour nous deux. Ce Seigneur l'épousa, & ce fut elle qui, me plaignant en secret du parti qu'on brassoit pour m'accabler, & auquel son mari se joignit, n'eut point dans ces tems assez de pouvoir sur lui pour l'arracher de l'injuste societé de ceux qui se liguoient pour me perdre. Je fus, comme je l'ai dit, contraint de fuir en France. A mon retour à Londres ayant été mis en prison presque aussitôt que je fus arrivé, cette femme, par une reconnoiſſance genereuſe pour la fortune qu'elle ſembloit me devoir, travailla plus que jamais à détourner ſon mari de ſe joindre à mes ennemis : mais enfin elle ſçut de lui qu'il n'étoit plus tems, que mes Juges m'avoient condamné à la mort, & que le poiſon alloit dans quelques momens finir ma vie.

Alors toute ſa reconnoiſſance ſe redoubla ; elle ne put ſouffrir qu'un homme qui avoit eu pour elle des ſoins genereux & obligeans, perît injustement, sans qu'elle en prît pour le sauver. Elle sortit, & vint trouver mon geolier, qu'elle sçut engager à force d'argent à laisser entrer dans ma prison un homme à elle, pour me faire avaler un contre-poison sûr, qu'elle composoit elle-même, & dont elle avoit toûjours en cas de besoin. Quand on m'eut conduit dans la chambre du geolier, elle se retira sans me parler, & ne revint que le lendemain me trouver au lit.

Quelle surprise fut la

mienne, quand je vis entrer cette Dame ! O Ciel ! lui dis-je, Madame, à quoy vous expofez-vous pour un malheureux contre qui le Ciel, de concert avec fes ennemis, femble confpirer ? Fuyez, ne partagez point mon funefte fort ; vous êtes la femme d'un de ceux qui m'ont le plus cruellement perfecuté. Ah Seigneur, s'écria-t-elle, il n'a pas tenu à moy de le faire renoncer à l'injuftice du parti qu'il embraffoit : mais un mari eft toûjours le maître. Le Ciel m'eft m'eſt témoin de la douleur que m'a donnée la nouvelle de vôtre condamnation. Quoy donc, me ſuis-je dite, ne pourrai-je rien pour un homme à qui je dois ce que je ſuis ? Ces reflexions ont redoublé ma juſte compaſſion pour vous ; je me ſuis vivement rappellé ce que vôtre amitié vous fit faire pour moy ; je ſuis ſortie avec precipitation de chez moy, pour parler au geolier, que l'argent a gagné ; & c'eſt par moy que vous avez reçû le contre-poiſon qui vous ſauve la vie. Joüiffez-en, Seigneur, malgré la perfidie de ceux qui vous ont perdu : mais joüiffez-en genereufement pour celle qui vous la rend. Vous me perdez, fi l'on apprend que vous vivez encore ; fuyez, Seigneur, vôtre fuite, en affurant le fuccés de mes foins, affure auffi le refte de vos jours, & calmera mes alarmes. Mais, Seigneur, ajoûta-t-elle, vos malheurs ne vous ont rien laiffé, vous avez tout perdu ; fouffrez que je vous offre des fecours, acceptez cette boëte, où sont quelques-uns de mes bijoux. C'est bien le moins que je doive à celui qui m'a procuré tant de richesses, que de lui en offrir la moindre partie quand la persecution l'accable, & le prive de tous ses biens. Là dessus elle mit cette boëte sur une table, en m'avertissant de prendre le tems de la nuit pour sortir de chez le geolier, & elle me quitta, sans me donner le tems de lui témoigner les sentimens dans lesquels elle me laissoit pour elle.

Je me rétablis bien vîte; mon geolier eut soin de me tenir des chevaux tout prêts pour quelques jours ensuite. Je sortis de Londres à la faveur des tenebres, sacrifiant tout desir de vangeance à la sûreté de ma liberatrice, & je revins en France, où j'appris la mort de mon épouse & le départ de mon fils. Je demeurai quelque tems chez moy, à gemir de la cruauté du sort, qui s'obstinoit à répandre une éternelle tristesse sur des jours qui sembloient être conservez pour un plus grand bonheur. La vûë de ces lieux, où j'avois perdu ce que j'avois de plus cher au monde, & où je me trouvois seul, irritoit ma douleur. Je me determinai à sortir de France, pour aller dans quelques lieux retirez de l'Angleterre achever ma languissante vie, dont la reconnoissance même m'obligeoit à cacher les restes. J'étois en chemin, quand je vous ai rencontré, mon fils. Je vous vis seul contre quatre, vous efforçant d'arracher cette jeune fille des mains de ses ravisseurs, dit l'Anglois en montrant Clorine. Vôtre valeur & vôtre generosité me toucherent, je vous secourus, & nous fûmes victorieux. Je vous ai suivi après cette avanture encore quelques momens, & vous êtes les témoins du combat que nous avons fait contre les tyrans de ces deux aimables personnes.

L'Anglois finit là son histoire, & ne cessa de témoigner à Frédelingue combien il avoit d'empressement à terminer par un heureux mariage tous les malheurs de leurs enfans. Fredelingue ne respiroit aussi que la satisfaction de ces amans. Ils furent enfin mariez, & joüirent dans la suite d'une felicité paisible, dont ni les ans, ni le dégoût n'altererent jamais la douceur. Cette union charmante en fit une entre l'Anglois & Fredelingue, qui les lierent l'un à l'autre d'une affection sans égale. Ils vêcurent toûjours ensemble, & furent pendant le reste de leur vie les témoins du bonheur infini de Clorante & de Caliste.

Voila, Madame, la fin des avantures de ces amans, que le sort avoit traversez avec tant de fureur : mais jamais la douceur d'un état heureux n'est ni plus sensible, ni plus durable, que quand on y arrive par des peines ; & le contraste affreux des maux avec les biens ajoûte, pour ainsi dire, un nouveau charme à ces biens, dont on connoîtroit moins le prix, si l'on n'avoit eu des raisons pour les souhaiter plus ardemment. Je compare Caliste & Clorante arrivez au comble de leur felicité, à deux infortunez qui font naufrage. Ils luttent contre les ondes & la mort ; leurs efforts trouvent une resistance qui souvent les redouble ; la fatigue & la crainte approchent & reculent successivement la mort : enfin ils triomphent du danger & de la fureur des flots, ils arrivent au port. O Ciel ! que le salut a de charmes pour eux ! que ces dangers, dont des efforts violens les ont tirez, augmentent dans leur cœur la douceur d'être assurez de la vie ! Si l'onde avoit été calme, s'ils avoient trouvé ce port sans la moindre peine, cette vie qu'ils ont, pour ainsi dire, arrachée des fureurs du sort, n'auroit presque rien de sensible pour eux : mais c'est un bien, c'est un tresor qu'ils ont sauvé ; la perte prochaine qu'ils en ont presque faite leur en fait sentir tout le prix.

Malgré tout ce que vous dites, me répondrez-vous

peut-être, Madame, il faut avoüer que vos amans, s'ils sont heureux, achetent bien cherement les faveurs du sort; le desespoir & la rage se sont bien longtems emparez de leur cœur, avant que la joye les ait fait disparoître. Quel étrange bonheur, qu'on ne peut meriter que par tout ce que l'ame peut ressentir de mouvemens affreux! Malheureux ceux que l'amour destine à cette felicité. Permettez-moy de vous dire, Madame, que je ne puis vous accepter pour juge de cette question. L'éloignement que vous avez pour l'amour vous represente leurs malheurs, & la felicité qui les suit ne remplace pas dans vôtre imagination les impressions d'un triste tableau, dont les ombres seules vous frapent. Clorante, Caliste, & leurs semblables sont ceux qu'il faudroit interroger ; & vous seriez sans doute bien surprise, aprés leur avoir entendu prononcer tout ce que le desespoir peut faire exprimer de plus triste dans le malheur, de ne leur trouver à présent que des expressions de joye les plus emportées, pendant qu'à peine pourroient-ils rappeller leur infortune.

C'est ici que mon ami finit toute son histoire. Je souhaite que les incidens dont elle est variée interessent encore plus que le commencement, & que les Dames apprennent à ne pas causer de malheurs par des rigueurs si funestes.

Fin du V. & dernier Tome.

APPROBATION.

J'Ai lû par ordre de Monseigneur le Chancelier la suite des *Avantures de...* ou les *Effets surprenans de la sympathie*, & n'y ai rien trouvé qui en doive empêcher l'impression. Fait à Paris ce vingt & un Decembre mil sept cent treize.

FONTENELLE.

Livres nouveaux qui se vendent chez le même Libraire.

LEs Campagnes de M. de Vendôme, 12.

Le Code des Chasses, 12. 2 vol.

Le Dénombrement du Royaume par Generalitez, Elections, Paroisses & feux, 12. 2 vol.

L'Ordonnance des Eaux & Forêts, augmentée des Edits, Declarations & Arrêts rendus en interpretation jusqu'à present, 14.

Relation d'un Voyage d'Espagne à Bender, avec le séjour du Chevalier de Bellerive au Camp du Roy de Suede. Ouvrage rempli de plusieurs particularitez aussi interessantes que curieuses. 12.

La Voiture embourbée, ou le Singe de Dom Guixotte. Histoire comique. Nouvelle édition, augmentée d'un Conte extraordinaire. 12

Avantures choisies, contenant quatre Histoires, sçavoir : L'Amour innocent persecuté, l'Esprit folet, ou le Sylphe amoureux, le Cœur volant, ou l'Amant étourdi, & la belle Avanturiere. 12.

Le second Tome de ces Avantures choisies, contenant quatre autres nouvelles Histoires, est sous presse.

Les belles Greques, ou l'Histoire des plus

fameuses Courtisannes de la Grece, &c. Dialogues nouveaux des Galantes modernes. Nouvelle édition, augmentée de deux petites Pieces de Poësies du même Auteur, avec des figures en taille-douce. 12.

Henry Duc des Vandales. Histoire veritable, enrichie de gravûre en taille-douce, par l'Auteur des belles Greques. 12.

Memoires de Comines. Nouvelle édition. 8. 4. vol.

Le Songe de Bocace. 12.

Histoire des quatre Cicerons. 12.

——— des Dauphins & Dauphines de France. 12.

L'Agenda des Femmes envers leurs Maris, ou le Supplément de Tasse rousi friou titave. 12.

Les Devoirs des Domestiques de l'un & de l'autre sexe. 12.

Recüeil des Edits, Declarations, Arrêts, &c. concernant le Controlle des Actes des Notaires, & droits y joints. 4. 1714.

——— Le même en abregé.

Commentaire sur le fait des Aydes; avec un Recüeil de Reglemens depuis l'Ordonnance jusqu'à present. 12.

Conference de l'Ordonnance de la Marine du mois d'Août 1681. avec le Droit écrit, les anciennes & les nouvelles Ordonnances. 4.

www.ingramcontent.com/pod-product-compliance
Lightning Source LLC
Chambersburg PA
CBHW051858160426
43198CB00012B/1653